KURT TEPPERWEIN

IHR ZAUBERSTAB GEDANKENKRAFT

KURT TEPPERWEIN

IHR ZAUBERSTAB GEDANKENKRAFT

© Originalausgabe „GoldenWay"- Edition" 2009/Erste Auflage 2016
IAW Anstalt, Vaduz

Sonderauflage 2017 © by IAW Anstalt, Vaduz

www.iadw.com

ISBN: 978-3-7448-3744-6

Die Deutsche Nationalbibliothek verzeichnet diese Publikation
in der Deutschen Nationalbibliografie; detaillierte bibliografische Daten
sind im Internet über www.dnb.de abrufbar.

Umschlaggestaltung: www.layART.li
Umschlagmotive: ©fotolia.com/Mike Richter/madera/shok/oly5
Illustration: ©fotolia.com/japonka

Herstellung und Verlag: BoD – Books on Demand, Norderstedt

Internationale Akademie der Wissenschaften (IAW) Anstalt,
FL-9490 Vaduz, Tel. +423/233 12 12, Fax +423/233 12 14

INHALTSVERZEICHNIS

„DAS GRÖSSTE WUNDER: IHR ZAUBERSTAB GEDANKENKRAFT"

Ich möchte Sie dazu einladen, am aufregendsten Spiel der Welt, „dem Spiel des Lebens" teilzuhaben und mit Ihrem „Zauberstab Gedankenkraft" kann alles völlig mühelos geschehen.

Immer noch wissen nur wenige Menschen von den unbegrenzten Möglichkeiten des menschlichen Geistes, den Kräften und den Fähigkeiten, die in Ihnen schlummern, und noch weniger nutzen dieses unerschöpfliche Potential. Wir alle verfügen über ein phantastisches Vermögen, das zum größten Teil unentdeckt in uns verkümmert. **Ein Leben voller faszinierender Möglichkeiten wartet nur darauf, entdeckt zu werden und „in Erscheinung" treten zu können.** Erst wenn wir die „Spielregeln des Lebens" beherrschen, können wir unser Leben auch wirklich „führen". Sie brauchen im Leben auf wirklich nichts verzichten. Wenn Sie unbedingt auf etwas verzichten wollen, warum „verzichten Sie dann nicht auf das Verzichten"?

Voraussetzung für ein erfülltes Leben, das Sie nach Ihren Wünschen gestalten können, ist es Ihr „Denk-Instrument" voll und ganz in Besitz zu nehmen, um die „Macht Ihrer Gedanken" bewusst und gezielt einsetzen zu können. Es gibt weder Glück, noch Pech, weder Zufall, noch Schicksal. Das einzige was existiert sind Ursache und Wirkung. ALLES was Sie **DENKEN**, was Sie sich **VOR-**

STELLEN und **GLAUBEN** können, das könnte sich auch in Ihrem Leben schon bald verwirklicht haben. Der erste Schritt dafür ist es, alles, ja wirklich ALLES loszulassen, was nicht mehr zu Ihrem Leben gehört. So schaffen Sie den not-wendigen Raum für Ihr neues und „märchenhaftes" Leben. Das erste, was Sie loslassen sollten, ist Ihre Vergangenheit, denn die kommt ohnehin nie wieder. Sie brauchen Sie weder aufarbeiten, noch therapieren, sondern Sie einfach nur loszulassen.

Der nächste Schritt könnte folgender sein:
Werden Sie ganz bewusst SYMPATHISCH, indem Sie Ihre Aufmerksamkeit bei JEDEM darauf richten, was Sie an ihm sympathisch finden. Dadurch entsteht SOFORT eine „energetische Brücke der Sympathie" und im gleichen Augenblick wird sich Ihre „energetische Signatur" ändern. **Fangen Sie an, wirklich „wohlwollend" zu leben.** Das wird in Ihrem Leben SOFORT wohlwollende Reaktionen wie zum Beispiel „unerwartete Chancen" auslösen, die sich einfach so ergeben, oder glückliche „Zufälle" die sich einstellen werden.

Das Leben hat keine andere Möglichkeit, als der von Ihnen gesetzten Ursache zu folgen.

So wird die Ihnen entsprechende Wirkung nicht ausbleiben können, denn das Gesetz von Ursache und Wirkung ist jederzeit gültig.

DAS „SPIEL DES LEBENS"

Das Leben ist ein Spiel, wird Ihnen zur Freude gespielt, und Sie können den Inhalt, den Verlauf und den Ausgang des Spiels bestimmen. Die meisten Menschen haben nur deshalb keine Wahl, weil sie nicht wissen, dass es eine Wahl gibt. Und weil sie von dieser Wahl keinen Gebrauch machen und nicht wählen, geschieht nichts und weil nichts geschieht, glauben sie, dass es nicht funktioniert.

Der erste Schritt auf dem Weg zur bewussten Wahl, ist die Erkenntnis, DASS Sie eine Wahl haben!
Der zweite Schritt ist der, mich zu entscheiden, welches Spiel ich spielen möchte. Dabei sollte ich IMMER den Weg der Freude gehen, also das Spiel spielen, das mir am meisten Freude bereitet. Vor allem aber sollte es spielend geschehen, denn das Leben wird spielend, oder gar nicht gewonnen. Dieses Spiel sollte stets „vom Ziel aus" gespielt werden, das heißt als erstes wird die Entscheidung getroffen, wo ich am Ende des Spiels ankommen möchte.
Meine Zielbestimmung wird darüber entscheiden, welches Spiel ich spiele, welchen Weg ich wähle und welche Schritte zu tun sind. Mit der Wahl meines Ziels, habe ich bereits ALLES bestimmt. **Daher ist ZIELKLARHEIT der wohl wichtigste Schritt im Leben.** Wenn ich mein Ziel klar definiert habe, habe ich bereits den halben Weg zurückgelegt und KANN mein Ziel nicht mehr verfehlen, es sei denn, ich gebe z. B. durch einen „scheinbaren" Misserfolg schon vor-

her auf. Da es in Wirklichkeit keine Misserfolge, sondern nur wertvolle Erfahrungen gibt, die eine wichtige Erkenntnis in sich tragen, sollte ich die Botschaften des Lebens genauer betrachten. Es ist ratsam genauer hinzusehen, um es anders zu machen und den Weg fruchtvoller zu gestalten. Das Leben meint es immer gut mit mir und will mir nur hilfreich zur Seite stehen. Alleine dieses Vertrauen in sich zu entwickeln, auf das Leben zählen zu können, ist die Grundvoraussetzung für mehr Leichtigkeit im Alltag.

Das Leben dient mir als „WERTVOLLER Hinweisträger" und „Botschaften-Vermittler" IN JEDEM FALL. Ein JEDER Misserfolg ist also in Wirklichkeit nur eine Chance zum Besseren und eine weitere und UNVERZICHTBARE Stufe, auf dem Weg zum endgültigen Erfolg, der dann auch IN JEDEM EINZELNEN FALL erreicht wird, einfach dadurch, dass ich vorher nicht aufgebe. So kann mein Leben nur „erfolgreich" sein und mein Erfolg bleibt „unvermeidbar", da sich das was erfolgt, nach meinem SO-SEIN, meiner Erkenntnis, ausrichtet. Das ganze Geheimnis des Erfolgs besteht also darin, die „Chance des SCHEINBAREN Misserfolgs" zu erkennen, zu nutzen und fort zu fahren, bis ich mein Ziel WIEDER EINMAL erreicht habe.

Vor allem aber habe ich die Chance zu bestimmen, als WER ich das „Spiel des Lebens" spielen möchte.

Gehe ich lediglich als Spielfigur, oder als bewusster Spieler an den Start. Wenn ich das Spiel als Spielfigur spiele, dann werden andere meine Schritte und meinen Weg bestimmen. Dann ist mein Leben aber fremdbestimmt, es wird dann gar nicht MEIN Leben sein, sondern ich werde nur die Erwartungen und Wünsche der anderen erfüllen. So werde ich zum Spielball, der seine Emotionen, Ziele und Wünsche unterdrückt und nicht ausleben kann. Erste Priorität sollte aber ein Leben sein, in dem ich mich verwirkliche, um wirklich gelebt zu haben.

Als bewusster Spieler hingegen, kann ich ALLES bestimmen. Ich bestimme welches Spiel gespielt wird, wie lange es dauert, wie es verläuft und vor allem, wie es ausgeht. Auch dabei stehe ich vor der Wahl, meine VORSTELLUNG vom Leben, oder mein Leben SELBST zu verwirklichen. Also höre ich in mich hinein und vernehme die Stimme meines Herzens und fühle, wie mein höchstes ICH sich genau in DIESEM Augenblick – nämlich JETZT – ausdrücken möchte. Meine Aufgabe besteht dann nur noch darin, diesen Augenblick wirklich zu erfüllen und einen erfüllten Augenblick nach dem anderen, aneinander zu reihen, um MEIN erfülltes Leben zu kreieren. Dann, und erst dann, WIRD es wirklich MEIN Leben sein.

Was ich nicht wählen kann, ist meine Identität, denn das was ich WIRKLICH bin, wird sich erst im „letzten Schritt" zeigen. Irgendwann werde ich im Spiel des Lebens erkennen, wer oder was ich wirklich bin und dann kann ich endlich VOLLKOMMEN das SEIN, was ICH BIN – IMMER schon war und immer SEIN werde! **Erst dann hat das Leben einen Sinn, denn der Grund für mein HIER-Sein ist die Chance, JETZT zu erkennen, was sich hinter dem Spiel verbirgt.**

WIE SIE IHR SCHICKSAL SELBST BESTIMMEN

Seit jeher versucht der Mensch sein Schicksal zu ergründen, anstatt es selbst zu bestimmen. **Auch das Glück beruht keineswegs auf Zufall, sondern folgt klaren Gesetzmäßigkeiten.** Wenn ich die kenne, kann ich entsprechend korrigierend eingreifen und das Glück sogar „abonnieren". Denn auch das Glück gehorcht dem Gesetz von Ursache und Wirkung. Durch die zuverlässige Wirkung des Gesetzes von Ursache und Wirkung sind wir in der Lage, das Glück nicht nur vorher zu sehen, sondern auch vorher zu bestimmen. Das heißt, auch der „Glücksfaktor" eines Menschen kann von ihm frei gewählt und bestimmt werden.

All zu viele Menschen fühlen sich ihrem Schicksal ausgeliefert und erkennen nicht, dass sie in jedem Augenblick die Wahl haben, alles zu ändern, indem sie andere Ursachen setzen.

Aber weil sie glauben, dass das nicht geht, tun sie es nicht und weil sie es nicht tun, ändert sich nichts und weil sich nichts ändert, glauben sie, dass es nicht möglich ist. Das „Gesetz des Schicksals" hat keine Wahl, es MUSS Ihnen das verwirklichen, was Sie zuvor bewusst oder meist unbewusst verursacht haben. **So ist das Schicksal Ihr geduldiger Freund und Helfer, der Ihnen zeigt, was Sie „angerichtet" haben, doch auslöffeln MÜSSEN Sie es nicht.** Wer A sagt, muss keineswegs auch B sagen, denn er kann auch erkennen, dass A nicht der richtige Weg war und es dementsprechend ändern.

Es gibt weder Glück, noch gibt es Pech und natürlich gibt es auch keinen Zufall, sondern nur Ursache und Wirkung.

Sie können Ihr Schicksal zwar nicht vermeiden, aber SELBST bestimmen, was es Ihnen bringen soll und das wird es dann auch tun. Wir alle sind Schöpfer und schöpfen STÄNDIG, ob wir uns dessen bewusst sind oder auch nicht. Es ist die natürliche Fähigkeit eines Schöpfers, die bereits in uns vorhanden ist und die wir deshalb erst erlernen müssen. Bewusst oder unbewusst erschaffen wir unsere Lebensumstände, Ereignisse, Beziehungen und alle Dinge unseres Lebens SELBST. ALLE Dinge geschehen zuerst im Bewusstsein, ehe sie außen geschehen können. SCHÖPFERISCHE IMAGINATION ist die Transformation einer Vorstellung in die Realität, die so Zukunft zur Gegenwart werden lässt und eine Möglichkeit zur Tatsache macht. Leid, Krankheit, Probleme und Mangel gehören NICHT zu diesem Weg eines Schöpfers und sind IMMER nur Botschaften des Lebens und ein Hinweis, etwas anders zu machen. Der beste Weg die Zukunft zu kennen, ist sie selbst zu bestimmen. JEDER hat die Fähigkeit, Lebensprozesse, Umstände und Situationen aktiv zu steuern und in eine gewünschte Richtung zu lenken, um IN JEDEM FALL ein beabsichtigtes Ergebnis zu erzielen. Das betrifft ALLE Lebensumstände wie Gesundheit, Erfolg, Wohlstand, Partnerschaft, Weisheit und Erleuchtung gleichermaßen.

Fülle ist das Grundprinzip der Schöpfung und das trifft natürlich auch für Ihr Leben zu. Wenn Sie also wahre Fülle in Ihrem Leben verwirklichen wollen, sollten Sie zunächst einmal Ihr Bewusstsein von Schwierigkeiten und Problemen abziehen und auf die unbegrenzten Möglichkeiten des Lebens gerichtet halten. Das Leben wartet immer nur auf IHRE Anweisungen!

ALADINS WUNDERLAMPE

In diesem wunderbaren, orientalischen Märchen, wird uns das Wunder der eigenen Größe offenbart. Denn die alte Lampe ist das Symbol für das „innere Licht der Erleuchtung". Sobald ALADIN an der Lampe reibt, also das innere Licht leuchten lässt, kehrt er zur vergessenen Allmacht zurück. Der GEIST erwacht, er kommt „ZU Bewusstsein" und er-innert sich wieder daran, wer er wirklich ist. Auch sein Name ist eine Botschaft. „Al" oder „El" bedeuten GOTT und „adin" heißt GESCHÖPF. Wir alle sind Geschöpfe Gottes. Nach seinem Ebenbild geschaffen, sind wir ungetrennte

Teile des EINEN. Wir „erscheinen" getrennt als Mensch auf dem Spielplatz Erde, in Wahrheit jedoch gibt es keine Trennung, denn ALLES ist EINS.

Der geistige Riese ist immer zur Stelle, sobald Aladin die Lampe reibt, sobald er also zu Bewusstsein kommt und so sein inneres Licht leuchten lässt. Und der Geist ist allmächtig, denn Allmacht ist unser geistiges Erbe.

Sobald wir wieder zu Bewusstsein kommen, werden wir auch wieder „in der Vollmacht" sein.

Wir brauchen nicht zu wünschen oder zu hoffen, sondern wir können unsere Zukunft nach Belieben „manifestieren". Im Märchen erfährt das scheinbar schwache Menschlein, welche Macht es in sich trägt, von der es bisher nichts geahnt hatte. Aber auch im Märchen muss dem Riesen gesagt werden, was er genau tun soll. Die Macht greift auch dort nicht von sich aus ein, denn Aladin muss etwas TUN, damit der Geist seine Anweisungen befolgt. Er muss sich der Sache bewusst sein und dann gezielte Anweisungen geben. Wir müssen also bewusst wählen und in der Gewissheit der Erfüllung sein. **Wie soll das Leben sonst wissen, was es uns zur Verfügung stellen soll? Wie soll uns die Erfüllung sonst finden?**
Schon in der Bibel heißt es: „Einem JEDEN geschieht nach seinem Glauben". Glaube ich also an Gott, oder an das Le-

ben und die Dinge, die Gott erschaffen hat? Glaube ich an diese Erscheinungen des Lebens, oder an das, was die Dinge hervorbringt und kreiert?

Solange ich die Wirklichkeit nicht „erfahre" und an Illusionen und Täuschungen festhalte, wird das Leben kein vollkommener Wunscherfüllungs-Gefährte sein können.

Ohne eine bewusste Wahl wird diese Macht, die All-Macht, ein schlafender Riese bleiben. Auch Jesus sagte: „Ihr sollt euer Licht nicht unter den Scheffel stellen". Das heißt also, die falsche Bescheidenheit loslassen und zur eigenen Größe zu erwachen. **Das innere Licht sollte aber nicht in den Dienst des Egos gestellt werden, sondern als Ebenbild Gottes leuchten.** Das Leben soll sich als Essenz, als Gott selbst, erfahren und verwirklichen – um sich als sich selbst erkennen zu können.

Wir alle sind „AL-ADIN", aber wir können uns dessen erst bewusst werden, wenn wir die ALLMACHT in uns erkannt haben und uns in der Allmacht, ALS ALLMACHT wieder entdecken, denn: ICH BIN der EINE, der ALLES IST!

DIE MACHT „IHRER GEDANKEN"

Nutzen Sie Ihren persönlicher „Zauberstab Gedankenkraft", indem Sie Ihre Zukunft nach Ihren Wünschen gestalten.

Als ich siebzehn Jahre alt war, wünschte ich mir so sehr einem Meister zu begegnen. Er könnte mir zeigen, wie man das Leben meistert und mir dabei behilflich sein, mein Leben fruchtvoller zu gestalten. In mir brannten viele Fragen: Wie löse ich meine Probleme, wie können sich meine Wünsche erfüllen und wie könnte ich meine Ziele und Vorhaben sicher erreichen. Ich wollte wissen, wie man „märchenhaft" lebt. Leider ist dieser Meister nie gekommen.
Erst viele Jahre später erkannte ich, dass dieser Meister längst schon da war und dass er schon immer da war. Er war aber nicht im Außen anzutreffen, wo ich ihn „eigentlich" erwartet hatte. Ja mit dem Wort „eigentlich", suchte ich ihn in meinem Leben, doch mein Denken war nicht in der Lage, etwas zu finden, was viel tiefer versteckt war. Das was ich suchte, war als „innerer Meister", als das wahre SELBST bereits in mir. Doch meine geistige Blindheit erlaubte es mir nicht, tiefer zu schauen. **Erst als ich aufhörte danach zu suchen, konnte ich es erkennen.** Ein JEDER Mensch trägt dieses höchste ICH, dieses „ICH BIN" in sich.

Als dieser „innere Meister" erkannte ich nicht nur, wie ich alle meine Probleme lösen, mir alle Wünsche erfüllen konnte und alle Ziele sicher erreichbar waren, sondern ich erkannte vor allem die unglaubliche „Macht der Gedanken". Ich erkannte, dass ich ALLES erreichen kann, wenn ich einfach nur die richtigen Ursachen setze.

Sobald Sie dieses grenzenlose Potential „in Besitz" genommen haben, ist plötzlich alles möglich.

Stellen Sie sich einmal vor, Sie wären „der als Mensch verkleidete" GOTT, der freiwillig in die Begrenzung einer menschlichen Existenz gegangen ist, um bestimmte Erfahrungen zu machen. Vor Beginn dieser Erfahrungen haben Sie dafür gesorgt, dass Sie alles worauf Sie Ihre Aufmerksamkeit richten, in der Realität erleben und manifestieren können. Irgendwann auf Ihrer Reise haben Sie jedoch vergessen, dass Sie Gott sind und das Richten Ihrer Aufmerksamkeit DER SCHLÜSSEL zur Gestaltung der Realität ist.

Die meisten Menschen richten ihre Aufmerksamkeit fast ständig auf Probleme und Schwierigkeiten, und schaffen sich dadurch – wenn auch unbewusst – immer neue Schwierigkeiten und Probleme.

Der Schlüssel, um vom Leben das zu bekommen, was immer man will, ist das bewusste Abziehen der Aufmerksamkeit von dem, was unerwünscht ist, sowie „das Richten der Aufmerksamkeit auf das, was sein soll". So vermeiden Sie zunächst schon einmal unerwünschte Ereignisse, die sie dadurch energetisch nicht mehr anziehen oder hervorrufen. Danach verursachen Sie die erwünschten Ereignisse, damit diese in Ihrer Realität „in Erscheinung treten".

Wir als Schöpfer sind in einer beneidenswerten Lage, denn wir können die Umstände unseres Lebens frei bestimmen und doch leben viele Menschen das Opfer-Dasein, das sie selbst erschaffen haben, jedoch jederzeit ändern können. Wir richten uns nach den „scheinbaren Gegebenheiten" und orientieren uns an dem, was wir Tatsachen nennen, dabei sind das doch nur Sachen, die einmal verursacht worden sind und deshalb GENAU SO sein müssen, wie sie gerade sind. **Wenn Sie jedoch bereit sind endlich Ihre eigenen Ursachen zu setzen, indem Sie sich „IHRES SELBST" bewusst werden, können Sie die derzeitigen Umstände JEDERZEIT verändern und umgestalten.**

Es wird höchste Zeit, dass Sie sich aus dem „Gefängnis der Gegebenheiten" befreien und die Realität nach Ihren Wünschen gestalten.

Dabei ist es völlig gleichgültig, ob Sie sich in einer schwierigen oder gar aussichtslosen Lage befinden, da Sie die Gegebenheiten ja jederzeit ändern können. Und Sie können gleich hier damit beginnen. Legen Sie sich ein neues Hobby ZU, werden Sie „Zukunfts-Designer".

> *Lassen Sie uns ein interessantes Experiment versuchen:*
> Sie machen sich bewusst, was Sie vom Leben wollen und
> ich zeige Ihnen, wie Sie es bekommen werden!

Wir ALLE sind wahrlich in einer beneidenswerten Situation,
denn wir sind unser eigener Schöpfer. Wir können unsere
Lebensumstände frei bestimmen, wenn wir die Gesetzmäßigkeiten des Universums kennen, sie befolgen und voll und
ganz umsetzen. Die natürliche Fähigkeit des Geistes zur Manifestation, ermöglicht uns ein wunderbares, erfülltes Leben
zu führen. Es erlaubt uns, jeden scheinbaren Misserfolg in
reinen Erfolg umzuwandeln.

**Das Leben wird Ihnen dann folgen, wenn Sie sich des-
sen bewusst sind, denn es kann nichts anderes liefern,
als das, was Sie bewusst oder unbewusst „verursacht"
haben.** Wir aber wollen BEWUSST bestellen, um nicht weiterhin UNBEWUSST im Mangel zu leben. Es kann so einfach sein! Alles was uns schwer fällt, sollten wir sein lassen
und nicht versuchen, mit Gewalt aufrecht zu erhalten. Alles
was für uns STIMMIG ist, MUSS mit großer Leichtigkeit
von der Hand gehen, ansonsten werden wir durch emotionale Einbrüche und missliche Ergebnisse darauf hingewiesen,
dass das nicht unser WEG sein kann. Es gibt immer eine
Abkürzung! Warum also weiterhin auf Umwegen herum-
schleichen?
Ankommen werden wir ALLE eines Tages, doch gibt es sehr
schmerzhafte Wege und weniger schmerzliche Pfade. Wählen Sie den Pfad der Leichtigkeit, indem Sie damit beginnen
IHR LEBEN selbst zu gestalten.

Was würden Sie sagen, wenn Ihnen jemand einen Zauberstab reicht, mit dessen Hilfe Sie alle unerwünschten Ereignisse Ihres Lebens jederzeit sofort umändern könnten? **Nun, Sie haben diesen Zauberstab bereits, weil Sie damit geboren worden sind. Erkennen Sie JETZT, dass Sie diese wunderbare Fähigkeit zur Verfügung haben.** Um diese Fähigkeiten zu aktivieren oder zu erkennen, braucht es keine geheimen Einweihungen und auch keine entbehrungsreichen Jahre im Himalaja. Sie brauchen lediglich damit anzufangen, von Ihren wundervollen Gaben Gebrauch zu machen, ohne sie zu bezweifeln oder gar in Frage zu stellen. Sie besitzen etwas, das die Natur oder Tiere nicht besitzen – das ist nicht nur das Denken, mit dem Sie bewusst imaginieren können oder der freie Wille, in Ihrem Leben Entscheidungen zu treffen, sondern auch die Macht Ihres Glaubens. Die Natur und die Tiere können sich zwar leichter hingeben, weil Sie intuitiv dem Leben folgen, jedoch sind Sie in Ihrer Bewusstseins-Entfaltung begrenzter, als wir Menschen es sind.

Nur der Mensch besitzt das Potential im Hier und Jetzt in Gott einzugehen.

Mit Ihren fast unbegrenzten Möglichkeiten Ihrer Seele und Ihres Denkinstruments, können Sie Ihr ganzes Leben bestimmen. Auch wenn sich das so phantastisch anhört, dass es fast unglaublich klingt, vertrauen Sie der Allmacht hinter dem Leben, dass Sie in die Fülle begleiten will. Das ALLES ist die Wirklichkeit und sie kann völlig uneingeschränkt und „gefahrlos" angewendet werden. Die einzige Gefahr, sind SIE SELBST. Sie stehen sich nur selbst im Weg, wenn Sie das Mangelbewusstsein der Fülle vorziehen, alles in Frage stellen und der falschen Wirklichkeit Ihre Aufmerksamkeit schenken.

Der erste Schritt, den ich bereits erwähnt habe, ist zunächst einmal ALLES loszulassen, was Sie aus Ihrem Leben verabschieden wollen. Dem was Sie nicht wirklich glücklich macht, sollten Sie keine Achtsamkeit mehr schenken, um so Raum für Neues zu schaffen. Was immer Sie auch „erreichen" wollen, Sie müssen zuvor das BISHERIGE vollumfänglich loslassen. Sie können auch in einem vollen Kleiderschrank, keine weiteren Kleider dazuhängen. Misten Sie aus und machen Sie Platz für wunderbare NEUERUNGEN, indem Sie das Alte, Abgetragene und bereits Überholte aussortieren. Und NEIN, hängen Sie ein bereits Aussortiertes nicht wieder in den Schrank zurück, denn es passt ihnen nicht mehr und jetzt wo Sie es seit Jahren nicht mehr getragen haben oder keine Freude mehr daran hatten, wird das auch zukünftig nicht mehr so sein.

Im nächsten Schritt geht es darum ZIELKLARHEIT zu schaffen. Es sollte sich hier aber um ein Ziel handeln, das Sie auch wirklich wollen. Ein Ziel, das zu Ihnen passt und das Sie in Ihrer Verwirklichung ein Stück der Erfüllung näher bringen wird. Ein klares Bild von einem erwünschten Endzustand, ist unumgänglich. Fühlen Sie sich dem erfüllenden Ergebnis nah, indem Sie sich in dieser ERFÜLLUNG voll und ganz erleben. Verbunden mit der „Macht der Wiederholung", werden Sie alles schaffen – WIRKLICH ALLES!

Wie bereits gesagt, gehorcht das Leben ganz klaren Gesetz-mäßigkeiten, den geistigen Gesetzen und das Gesetz von Ursache und Wirkung, können Sie vollumfänglich für sich nutzen. Dann ist da kein Platz mehr für Glück, Pech, Pleiten und Pannen, denn auch der günstigste Zu-Fall kann einem nur dann zufallen, wenn man ihn zuvor verursacht hat. Lernen Sie doch ganz einfach, ihr Denkinstrument wirklich zu beherrschen. Warum? Es ist kein Zufall, wenn sich bei dem einen die Wünsche wie von Zauberhand erfüllen, während der andere immer nur in der Warteschleife steht.

Die Schnittstelle, zwischen Gedanken und Ereignissen, ist unsere Handlung und die wird von unseren Gedanken bestimmt.

Sie KÖNNEN keine noch so unbedeutende Handlung ausführen, ohne sie zuvor gedacht zu haben. Gedanken haben die Macht, Realität zu verändern und zu erschaffen. Tausende von Gedanken gehen Ihnen täglich durch den Kopf und JEDER EINZELNE kehrt als Ereignis, Zufall oder als so genanntes Schicksal zu Ihnen zurück. Und natürlich KANN ein „negativer" Gedanke nur ein „negatives Ereignis" hervorrufen. **Ebenso zuverlässig wird ein wohlwollender Gedanke ein uns angenehmes Ereignis bescheren.** Indem Sie die Qualität Ihrer Gedanken ganz bewusst bestimmen, bestimmen Sie die Ereignisse Ihres Lebens. Denn nach dem Gesetz der Resonanz ziehen Ihre Gedanken die Ihrem Denken entsprechenden Ereignisse in Ihr Leben. Natürlich werden sie auch all das zuverlässig von Ihnen fern halten, was Ihnen NICHT entspricht. Und wenn Sie es sich noch so dringend wünschen, ein Wunsch allein macht noch keine Ursache aus und die Frequenz entscheidet. Betreten Sie einen dunklen Raum, wird er erst dann hell sein, wenn Sie das Licht aufgeschaltet haben und wenn Sie ein paar Schuhe bestellen, werden Sie keinen Briefumschlag, sondern ein Paket erhalten. **Alles was Sie aussenden, wird sich erfüllen, deshalb seien Sie achtsamer, mit Ihrer Ursachensetzung.**

Worum es geht, ist sich der Macht der Gedanken bewusst zu werden, und sie gezielt einzusetzen, um genau das hervorzurufen, was immer Sie wollen.

Und dabei ist wirklich ALLES möglich – ALLES das, was Sie denken und glauben können. Es beginnt damit, sich einen „erwünschten Endzustand" bildhaft vorzustellen und damit aus einer Möglichkeit der Zukunft erlebte Realität der Gegenwart zu machen. Ihr Unterbewusstsein KANN nicht unterscheiden, ob Sie etwas erleben, oder sich nur gerade bildhaft vorstellen. **WENN Sie es auch fühlen.** Das heißt die bildliche Vorstellung in Form eines Wunsches kann sich nur dann manifestieren, wenn Sie den Raum der „Vorstellung" verlassen und sich in den Raum der Erfüllung begeben. Wie wissen Sie, ob Sie in diesem Raum angekommen sind, oder sich immer noch in dem „nicht manifestierfähigen" Raum der Vorstellung befinden? Indem Sie die tiefe Erfüllung spüren und sich dankbar diesem „bereits einge-troffenen Ergebnis" hingeben, sind Sie richtig. Stellen Sie nichts in Frage und freuen Sie sich der GEWISSHEIT, dass es bereits geschehen ist.

Der GLAUBE ist nur dann ein wirklicher GLAUBE, wenn er sich OHNE jeglichen ZWEIFEL in eine GE-WISSHEIT wandelt.

Und das ist auch schon der nächste Schritt, denn hier geht es um genau diesen Glauben. Stellen Sie also fest, ob der „vorgestellte", gefühlte und erwünschte Endzustand, innerhalb Ihrer Glaubensgrenzen liegt und ob es sich für Sie ganz natürlich anfühlt und wieweit Sie sich dieser „Erfül-lung der Vorstellung" wert fühlen, denn das wird auch aus-schlaggebend dabei sein, die Erfüllung dann tatsächlich im Leben erfahren zu können. Denn JEDEM geschieht nach seinem Glauben…

Ob Sie glauben, etwas zu erreichen, oder daran glauben, es nicht zu erreichen, es wird sich in BEIDEN Fällen nach Ihrem Glauben ausrichten. Wenn Sie es sich vorstel-len UND glauben können, brauchen Sie es nur noch durch Identifikation geistig „in Besitz nehmen". Das heißt wie be-reits erwähnt, dass Sie sich in der Vorstellung, in der Erfül-lung, in immer neuen Situationen erleben, bis Sie ein starkes Gefühl der Freude und Dankbarkeit spüren. Das ist nicht nur die „Auftragsbestätigung des Lebens", dass der Auftrag an-genommen wurde, bereits in Arbeit ist und in Kürze „gelie-fert" werden MUSS, sondern es ist die Grundvoraussetzung „des Eintretens der erwünschten Wirkung".

Beginnen Sie JETZT damit, genau das was Sie wollen, „in Erscheinung" zu rufen. Die Wörter „geht nicht", „vielleicht" und „aber" existieren nur in Ihrem Mangelbewusstsein. Ersetzen Sie dieses durch das ursprünglichste der Welt, nämlich ihr SCHÖPFER-Bewusstsein und vertrauen Sie auf Ihre natürliche Kraft.

Wenn ich sage, WIE etwas ist, biete ich in JEDEM Fall einen unwiderlegbaren Beweis dafür an. Der beste Beweis, das sind SIE. Schauen Sie einfach hin, und wenn Sie WIRKLICH sehen können und Ihren Fokus auf die Wahrheit lenken, dann werden Sie erkennen, dass es nicht anders sein kann. Wer mit dem Herzen sieht…

Ihre eigene Erfahrung IST der Beweis.

SIE SIND EIN GEWINNER

Bei Ihrer Zeugung gingen cirka dreihundert Millionen Samenzellen an den Start. Jeder wollte der Erste sein – aber Sie haben gewonnen. Sie haben das erste und entscheidende Rennen in Ihrem Leben gewonnen, sonst wären Sie nicht hier! Der gefährlichste Tag Ihres Lebens, war also Ihr erster, der Augenblick der Zeugung. Sie mussten gegen dreihundert Millionen trainierte Athleten, in einem Spiel auf Leben und Tod antreten, denn nur einer konnte überleben. Sie haben es geschafft. Sie sind von Natur aus ein Gewinner!

Der schwierigste Tag Ihres Lebens, war der Tag Ihrer Geburt. Eben noch im Paradies, mit Vollpension, ohne Sorgen und Probleme, wurde die Umwelt plötzlich lebensgefährlich bedrückend. Eine Situation, bei der es scheinbar keinen Ausweg gab. Erst im letzten Augenblick, als Sie vielleicht schon fast aufgegeben hatten, öffnete sich ein Weg und Sie wurden geboren.

Auch im Leben, wird es immer einen Weg, einen Ausweg geben!

Nachdem Sie das alles überstanden haben, ist alles was danach kommt, im wahrsten Sinne des Wortes nur noch ein Kinderspiel. Von nun an können Sie im Spiel des Lebens nur noch gewinnen. Genießen Sie das Spiel, denn nun kann nichts mehr passieren, was auch nur annähernd so schwierig sein kann, wie das, was Sie bereits gemeistert haben. Ganz gleich, um was es in diesem Spiel geht, von nun an KÖNNEN Sie nur noch gewinnen. Zuerst gewinnen Sie einen Eindruck von der Situation. Dann gewinnen Sie die Erkenntnis Ihrer Macht, etwas unternehmen oder daran ändern zu können.

Haben Sie das falsch gemacht, gewinnen Sie gleich dreimal:

1.) **Die Einsicht, dass das falsch war.**
2.) **Die Erkenntnis, wie es richtig sein sollte.**
3.) **Die Chance, es beim nächsten Mal gleich besser zu machen.**

War das, was Sie getan haben, SOFORT das Richtige, haben Sie den „erwünschten Endzustand", das Ziel, gewonnen. Und letztendlich gewinnen Sie die Freude und Dankbarkeit, es mit Leichtigkeit erreicht zu haben.

SIE SIND EIN GEWINNER!

$\mathcal{I}$HR „GEISTIGES KAPITAL"

Wenn wir auf die Welt kommen, dann kommen wir nicht mit leeren Händen, sondern bringen ein vielfältiges Kapital mit, das den meisten Menschen aber erst bewusst werden muss.

GESUNDHEIT – Energie, eine volle Batterie mit hundert Prozent Organfunktion. Das ist ein Kapital, das wir uns erhalten sollten.

ZEIT – Ein volles „Lebenserwartungskonto", von dem wir durch Unachtsamkeit ständig abbuchen. Wir sollten unsere Zeit stets sinnvoll nutzen, indem wir nicht damit aufhören zu lernen und uns die passenden Gewohnheiten zulegen.

BEWUSSTSEIN – Indem wir „zu Bewusstsein kommen", wird ALLES möglich: Erkenntnis, Weisheit, Erfüllung.

CHARISMA – Unsere individuelle „energetische Signatur". Optimismus, Humor, Lebensfreude, Aussehen, Stimme und sympathisch sein, bringen gute Zinsen. Wirklich „wohlwollend" zu leben.

DENKEN – Die „Macht unserer Gedanken". Wir sind lernbegierig und erfahrungsbereit. Wir haben verschiedene Talente, wie Kreativität, Intelligenz, Intuition und Wahrnehmung. Phantasie und „schöpferische Imagination" als Schlüssel zum Erfolg.

SCHÖPFER – Wir haben die Fähigkeit, Lebensprozesse, Umstände und Situationen aktiv zu steuern, also in eine gewünschte Richtung zu lenken und in JEDEM einzelnen Fall ein beabsichtigtes Ergebnis zu erzielen. Wir schöpfen STÄNDIG, doch meistens unbewusst.

LIEBE – Die Liebe ist ein Weg, auf den man sich miteinander macht, um letztlich bei sich SELBST anzukommen. Lieben zu lernen ist ein lebenslanger Prozess, mit dem Ziel, ein LIEBENDER zu werden und wirklich „liebe-voll" zu leben.

ÜBERZEUGUNGEN – Unsere Überzeugungen prägen unsere „energetische Signatur" und diese zieht, nach dem „Gesetz der Resonanz", die ENTSPRECHENDEN Ereignisse in unser Leben.

Aber wir entwickeln auch Hindernisse, wie: negatives Denken, Urteilen, Vorstellungen, Begrenzungen, Zweifel, Ängste, diverse Verhaltensmuster, Egoismus usw.

DAS GEHEIMNIS DES „TRÄUMENS"

Den Seinen gibt's der Herr im Schlaf. Die meisten Menschen träumen ein Leben lang vergeblich von Reichtum und Erfüllung, weil sie das Geheimnis des Träumens nicht kennen. Sie kennen den Unterschied zwischen „Wegträumen" und „Herträumen" nicht. Immer wenn ich aus dem Bewusstsein des Mangels van der Fülle „träume", dann „träume ich mich weg". Ich habe noch gar nicht angefangen und schon alles falsch gemacht. Das Wünschen und Wollen trennt mich zuverlässig vom Gewollten.

Herträumen hingegen heißt, die gewünschten Dinge in der Imagination geistig „in Besitz zu nehmen", sie bereits als erfüllt zu erleben und so aus einer Möglichkeit der Zukunft eine Realität der Gegenwart zu machen. Das heißt, vom Ziel aus zu träumen. Bevor Sie mit Ihrer Zukunftsgestaltung beginnen, sollten Sie sich für Ihr Ziel entscheiden. Und fragen Sie sich, ob Sie weiterhin um den Erfolg KÄMPFEN wollen, indem Sie darum RINGEN, an sich ARBEITEN und mit dieser Anstrengung Ihr Geld VERDIENEN – ODER gestatten Sie dem Leben AB SOFORT, dass Ihnen das einfach alles ZUFALLEN darf?!

Sie brauchen im Leben auf wirklich nichts zu verzichten. Wenn Sie unbedingt auf etwas verzichten wollen, dann verzichten Sie doch einfach auf das Verzichten.
Professor LIBET hat durch Messungen festgestellt, dass

eine halbe Sekunde VOR einem gedanklichen Entschluss ein Signal ankommt, das so genannte „Halbe-Sekunden-Phänomen". Das heißt, eine halbe Sekunde BEVOR wir einen gedanklichen Entschluss fassen, kommt ein Signal dazu. Aber WOHER kommt es? Und was gibt uns die Idee zu diesem Entschluss? Es existiert also ein Programm, das unseren scheinbar frei gefassten Entschluss steuert. **Wie frei ist unser Wille wirklich? Und was ist das für ein Programm?**

Wir haben ein VETO-RECHT. Den Impuls zu unserem Entschluss bemerken wir nicht, aber durch unseren Entschluss wird er sichtbar gemacht, und genau hier können wir eingreifen. Wir können ihm also folgen, oder eben nicht. Wir können bei JEDEM Entschluss noch einmal prüfen, ab er unserem inneren Maßstab entspricht und so können wir ihn entsprechend abändern.

TRÄUMEN LERNEN

Fast JEDER hat seinen „Lebens-Traum". Wirklich glücklich werden können wir aber nur, wenn wir unseren Lebenstraum verwirklichen. Es spielt keine Rolle, ob wir unseren Traum kennen oder nicht, letztendlich führen uns unsere Träume immer nur in eine Richtung, in die Richtung des SELBST. Es ist jedoch hilfreich meinen Traum zu definieren und ihn zu kennen, um mich dem „Ziel" mal schon anzunähern. Doch wenn der Mut fehlt, den Traum zu verwirklichen, dann wird die Verwirklichung weiterhin ausbleiben. Tatsächlich ist es so, dass fast ALLE Menschen unzufrieden sind, doch wenn man sie fragt, was sie gerne machen wollen, wissen sie keine Antwort darauf. **Es ist unglaublich wie stumpf, unempfänglich und lahm der Mensch geworden ist, indem er sich mit dem Leben einfach abfindet – sich lieber ärgert und grämt, als sich NEU zu orientieren und sich nach dem LICHTE auszurichten.**

Die Umwelt tut alles, um uns unsere Träume zu nehmen. Schule, Elternhaus, Freunde, das Fernsehen, Beruf, Kollegen und Lebensumstände, versuchen uns stets den Traum madig zu machen, ihn uns auszureden, oder uns zu überzeigen, was wohl das „Richtige" oder Beste für uns sein würde. Schon der Lehrer in der Schule sagt immer wieder: „Du träumst schon wieder"!

Und wir bekommen den Eindruck, dass es falsch sei, Träume zu haben.

Noch schlimmer macht es das Fernsehen, denn es gibt uns unrealistische Träume, wie zum Beispiel die Sendung: „Deutschland sucht den Superstar". Beim Casting scheitern die Bewerber dann kläglich, weil sie den „falschen", beziehungsweise nicht ihren optimalen Traum verwirklichen wollen. Dabei vergisst man schon mal den eigenen Traum. Wir treffen auf so viele „Traumvernichtungsmaschinen" und so wird es uns auch nicht leicht gemacht, bei unseren tiefen „Verwirklichungsideen" zu bleiben und sie voranzutreiben.

„*Was ich in meinem Leben einmal erreichen will*". Dieser Aufsatz wurde den Schülern einer Schule vorgegeben und ein Schüler beschrieb seinen Lebenstraum wie folgt:

Er wollte eine große Pferdefarm haben. Mindestens hundert Hektar groß sollte sie sein, mit vielen Stallungen und Häusern für die Bediensteten. Mittendrin sollte ein Palast stehen, in dem er wohnen wollte.
Er bekam eine glatte FÜNF und der Lehrer sagte zu ihm: „Das ist kein Lebenstraum! Das ist reine Phantasie! Aber ich will Dir noch eine Chance geben. Gehe nach Hause und schreib den Aufsatz noch einmal, mit einem realistischen Inhalt und dann kann ich Dir vielleicht doch noch eine bessere Note geben.
Der Junge überlegte einen Augenblick und sagte dann zu dem Lehrer: „Behalten Sie Ihre FÜNF und ich meinen Lebenstraum."
Viele Jahre später hatte er seinen Traum genau so verwirklicht und lud seinen alten Lehrer zu sich auf die Farm ein. Da erst erkannte der alte Lehrer, dass der ehemalige Schüler seine begrenzte Sichtweise nicht übernommen hatte.

Lassen Sie sich Ihren Traum nicht nehmen!

Verwirklichen SIE sich und ihren Traum und werden Sie anderen damit zum Vorbild, denn JEDER soll sehen, dass JEDER Traum verwirklicht werden kann. Wie? Ganz einfach: Indem man vorher nicht aufgibt!

WIE SIE VOM LEBEN DAS BEKOMMEN, WAS AUCH IMMER SIE WOLLEN

Wenn ich etwas haben oder erreichen will, sollte ich mir die Frequenz des „erwünschten Zustands" bewusst machen. **Das geschieht ganz einfach, indem ich mir vorstelle, es bereits erreicht zu haben.** So bin ich auch schon am Ziel, denn wenn ich das Ziel bereits mit all meinem Sein erfülle, wird es auch so sein.

Dann überprüfe ich die „neuen Gegebenheiten", wieweit sich diese natürlich anfühlen und ob ich auch dazu bereit bin, diese Veränderung zu empfangen. **Will ich es nur haben? Fühl ich mich wohl darin? Passt es zu mir? Entspricht es meinem höchsten ICH, oder entspringt es dem Ego?**

Wenn es mit meiner „energetischen Signatur" nicht übereinstimmt, das heißt nicht im EIN-Klang mit mir ist, dann kann ich das Ziel noch einmal optimieren.

Jede Idee, jeder Gedanke hat die Tendenz, sich zu verwirklichen, aber nicht immer trifft das auch für das energetische Potential zu. **Warum ist das so?**

Das energetische Potential bedarf der Überzeugung, die aus einem Wunsch eine wahre Absicht macht.

Eine wirkliche Absicht schließt die Möglichkeit der Nicht-
erfüllung aus. Eine wirkliche Absicht ist kein berechnendes
Vorhaben, keine halbherzige Idee und auch keine rationale
Vorstellung. Ein egoistischer Wunsch, der nicht dem Her-
zen, sondern dem Kopf entspricht, kann sich natürlich auch
erfüllen, jedoch kann er sich – auch wenn er sich im ersten
Moment gut anfühlen mag – auch schnell mal in ein reines
Chaos oder in einen sehr schmerzlichen Prozess wandeln.

*Eine „Idee" kann also nur zur wahren
Absicht verdichtet werden, wenn sie mit der
inneren Überzeugung übereinstimmt, die
nichts mit einer persönlichen und oberflächli-
chen Überzeugung zu tun hat.*

Der Gedanke, die Idee ist zunächst immer nur in geistiger
Form vorhanden. Erst die darin enthaltene Glaubensenergie
wird daraus eine Wirkungseinheit formen. Die Wiederholung
addiert die bestehende Verwirklichungsenergie solange, bis
diese die „Verhinderungsenergie" der Umgebung übertrifft
und damit in Erscheinung tritt. **Sind die Form und der Inhalt eines Gedanken, mit der Verwirklichungsenergie
nicht identisch, wird dies das „in Erscheinung Treten"
verhindern.** Hier gilt es also wiederum zu überprüfen, wie
weit der Wunsch mit den Emotionen übereinstimmt und
wieweit die Verwirklichung für mich ALS höchstes ICH
auch wirklich stimmt.

Wenn ich nicht davon überzeugt bin oder nicht daran glaube ein Gewinner zu sein, dann kann ich zwar tausend Mal denken oder hundert Mal sagen: „Ich bin ein Gewinner", dann wird das auch nichts nutzen. Es kann nicht hilfreich sein, denn alleine die Energie bestimmt das Ergebnis. Ein zwanghaftes WOLLEN oder ein schüchternes HOFFEN wird jeglichen Fluss unterbinden oder erst gar nicht zum Laufen bringen.

Erst die Übereinstimmung von Form und Inhalt eines Gedankens, erschafft die Voraussetzung für seine Verwirklichung.

Diese Gedankenenergie wirkt aber nicht nur auf das Außen, sondern auch auf den Menschen selbst, sodass er mit der Zeit, der vorherrschenden Energiequalität seiner Gedanken entsprechen wird. Diese Frequenz wird sich dann als seine erlebte Realität, als sein „Schicksal" manifestieren. JEDER Gedanke wird sich somit als Ursache, zu einer äußeren UND inneren Wirkung formen. Was wir denken, das erleben wir und das wiederholte Erleben wird zur Überzeugung, die wiederum ein entsprechendes Erleben verursacht, was die Überzeugung verstärkt und die Richtung des Denkens bestimmt. Wer sein Bewusstsein mit Mangel erfüllt, wird diesen Mangel auch in sein Leben ziehen. Wer sein Bewusstsein auf die natürliche Fülle richtet, wird auch im Außen Fülle erleben. **Worauf Sie Ihr Bewusstsein richten, dorthin wird Ihre Schöpferkraft fließen und die Ver-**

wirklichung Ihres Lebens wird sich genau dort zeigen, wo sie sich bewusst „aufhalten" und ruhen.

Das Gebet eines Skeptikers:
Lieber Gott,
falls es dich gibt,
hole meine Seele,
falls ich eine habe,
bitte in den Himmel,
falls einer existiert!

Ein Wunsch signalisiert dem Bewusstsein einen Mangel.
Es ist die Tatsache, dass etwas Erwünschtes eben nicht vorhanden ist und verstärkt damit auf geistigem Wege den Mangel. Dadurch wird die Erfüllung des Wunsches, gleichzeitig und zuverlässig blockiert.

Wird hingegen durch Imagination die Erfüllung „erlebt", zeigt das dem Bewusstsein, dass etwas noch nicht „in Erscheinung" getreten ist und es wird manifestiert, um den geistig vorhandenen Zustand als erlebte Realität zu manifestieren. Eine wahre Absicht signalisiert dem Bewusstsein ein bevorstehendes Ereignis, das sich dann in der kommenden Zeit ebenfalls manifestieren wird. Für das Leben liegt zwischen der Verwirklichung des Mangels und der Verwirklichung der Fülle kein Unterschied.

Löschen Sie die Vorstellung der Möglichkeit eines Versagens, oder eines Misserfolges aus Ihrem Dasein und schaffen Sie die „Gewissheit der Erfüllung" in sich. Und vergessen Sie nicht: Es gibt keinen Misserfolg – es gibt nur RESULTATE!

VON DER VORSTELLUNG DER „SCHÖPFERISCHEN IMAGINATION"

Schöpferische Imagination brauchen Sie dazu, um das was Sie wollen und was Sie sich wünschen, in ihr Leben zu rufen. Es ist also kein Geheimnis, wie man seine Zukunft bewusst gestaltet, denn die schöpferische Imagination ist ein ganz „einfaches Instrument", welches Sie dazu benötigen. Hier geht es lediglich darum, sich etwas so vorzustellen, vorzufühlen und „vorzuerleben", dass sich das „Erwünschte" als Ereignis, als Situation oder als Begegnung, als Ihre erlebte Realität manifestieren kann. **Bewusste schöpferische Imagination ist die Transformation einer „Idee", in die „Realität" – eine Umwandlung von der Ebene des „Geistes" in die Ebene der Materie.**

Durch die schöpferische Imagination bekommt eine „Idee" eine erste klare Form, in der sie sich als Realität erschaffen kann.

Es ist das geistige „in Besitz nehmen" einer „erwünschten" Zukunft.

Was immer Sie geistig in Besitz genommen haben, wird Ihnen das Leben nicht mehr verwehren. Schöpferische Imagination erschafft den erwünschten Endzustand und macht aus einer Möglichkeit der Zukunft, erlebte Realität der Gegenwart. **Eine Möglichkeit wird zur Tatsache.**

Dazu sollten wir das Werkzeug der Imagination „meisterhaft anwenden, also nicht wie ein Zuschauer auf das Ereignis blickend, sondern es „zurückblickend" geschehen lassen. Wir betrachten das Ziel, als ob wir es schon längst erreicht haben. Das Imaginieren vom ERGEBNIS aus, ist der Beginn aller Wunder. Die Realität entsteht in uns, weil wir Sie auf allen Ebenen des SEINS bereits VOR-ERLEBEN und somit ziehen wir Sie in unser Bewusstsein, welches das Erlebte „in Erscheinung" treten lassen MUSS.

Schöpferische Imagination ist „Wirklichkeit schaffende Energie". Es ist der Schritt, von der bloßen „Vorstellung" zur geistigen Schöpfung. Schaffen Sie sich so eine erfüllende Zukunft, denn Sie werden den Rest Ihres Lebens darin verbringen.
Die Vorstellung: „Ach ja, so könnte es sein. Darin würde ich mich wohl fühlen…", reicht nicht aus um das schöpferische Potential zum Leben zu erwecken. Es muss wirklich geistig, emotional und erfüllend geschehen, mit dem Bewusstsein, DASS ES SO IST. Der Gedanke, dass es so ist oder so sein könnte, reicht hier nicht aus, denn eine Wunschvorstellung ist nicht mit der „schöpferischen Imagination" gleich zu setzen.

Das Leben ist einfach zu wichtig, um es dem Zufall zu überlassen. Schöpferische Imagination ist ein wahrhaftiger Weg, um „erfüllt" leben zu können. Es ist der Beweis, dass die Macht des Geistes über die Materie herrscht. Schöpferische Imagination ist keine Technik, sondern ein Weg, als bewusster Schöpfer zu leben. Somit wird es zum wichtigsten Schöpfungswerkzeug, welches wir uneingeschränkt nutzen können.

Zur Erinnerung:

Durch schöpferische Imagination wird ein Wunsch zur Absicht und die Absicht schließt die Möglichkeit der Nichterfüllung aus. Eine unpersönliche Absicht erzeugt die Energie der „Gewissheit der Erfüllung". Der größte Teil Ihrer Zukunft liegt noch ungeformt vor Ihnen. Auch der bereits geformte Teil kann jederzeit „umgeformt" werden, solange er noch nicht als Gegenwart „in Erscheinung" getreten ist. **Wenn Sie Ihre schöpferische Imagination nicht nutzen, werden Sie weiterhin ein Gefangener Ihrer Lebensumstände bleiben.**

Es ist ganz gleich, was Sie im Leben erreichen wollen, Sie werden es schneller, leichter und zuverlässiger ansteuern, wenn Sie sich IMAGINATIV bereits am Ziel befinden, BEVOR Sie damit begonnen haben, sich auf den Weg zu machen. Erst gewinnen, DANN beginnen!

Bevor Sie also etwas anfangen, nehmen Sie es geistig in Besitz und machen sich es so „zu Eigen".

ALLES, was Sie auf diese Art und Weise bereits „in Besitz" genommen HABEN, KANN Ihnen das Leben nicht mehr verwehren, da es auf der Kausalebene bereits vorhanden ist. Es ist also bereits WIRKLICHKEIT und die heißt so, weil sie wirkt – durch Sie bewirkt worden ist. Sie haben Sie manifestiert und erzeugt, indem Sie von Ihren schöpferischen Kräften Gebrauch gemacht haben. **Träumen Sie nicht weiterhin von einem erfülltem Leben – ERSCHAFFEN Sie es doch!**

Machen wir das doch gleich einmal praktisch:

Überprüfen Sie einmal, ob Ihnen das Schöpfungsinstrument IMAGINATION zur Verfügung steht. Schließen Sie dabei die Augen und stellen Sie sich einmal einen Baum vor. Prüfen Sie genau, wie klar Sie die Details des Baumes erkennen können, Entdecken Sie den Stamm, die Äste, die Zweige, die Blätter, die Blüten oder die Früchte. Wie zeigt sich ihnen der Baum und wie genau können Sie ihn erkennen?
Nun lassen Sie den Baum einmal wachsen. Dann lassen Sie es Herbst werden, sehen Sie in der Imagination, wie die Blätter abfallen und wie das Laub den Boden bedeckt. Lassen Sie es schneien und erfreuen Sie sich über den schneebedeckten Baum.
Atmen Sie die klare Luft und genießen Sie die wunderbare Winterlandschaft. Dann lassen Sie ganz einfach die Sonne erstrahlen und beobachten, wie der Schnee zu schmelzen beginnt und wie die Tropfen des Taus, ganz sanft auf die Erde treffen. Die Frühlingssonne bringt jegliches Eis zum Schmelzen und vertreibt die Kälte der Welt. Sehen Sie nun, wie in

den Pflanzen das Leben erwacht, wie Sie sich der Sonne zuwenden und wie Ihr Baum mit zarten Knospen erblüht.

Wenn Sie auf diese Bilder augenblicklich zurückgreifen können und diese klar vor sich haben, dann haben Sie sich die natürliche Fähigkeit der Imagination bewahrt. Wenn Sie Schwierigkeiten damit haben die Bilder zu sehen, dann sollten Sie sich immer wieder etwas vorstellen. Machen Sie das solange, bis Sie die Bilder vollkommen klar und lebendig vor sich sehen, als wären sie Wirklichkeit. Wenn Sie im Moment nicht auf die Bilder zurückgreifen können, zeigt das nur, dass Sie zuwenig Gebrauch davon gemacht haben. Doch alles was man verlernt hat, das kann man auch wieder erlernen, wenn man sich darum kümmert und diesem Manko seine ganze Aufmerksamkeit schenkt. **Machen Sie diese „Übung" zum täglichen Ritual, wenn möglich mehrmals und hören Sie nicht damit auf, bis es wieder einwandfrei funktioniert.**

Nehmen Sie einen Kugelschreiber, eine Brille, oder Ihren Autoschlüssel in die Hand und sehen Sie den Gegenstand genau an, bis Sie alle Einzelheiten deutlich vor Augen haben. Dann schließen Sie die Augen und sehen ihn in der Imagination. Geht das noch nicht, oder noch nicht klar genug, wiederholen Sie das solange, bis das Instrument IMAGINATION wieder optimal zur Verfügung steht.

Wenn Sie dann Ihre Imagination auf etwas gerichtet halten, was Sie verwirklichen wollen, beginnt es im gleichen Augenblick „in Erscheinung" zu treten. Sie haben von Ihrem

Zauberstab Gedankenkraft Gebrauch gemacht und es hat funktioniert. Es funktioniert immer. Das ganze Geheimnis besteht in einer bewusst gesteuerten Imagination, die in Verbindung mit der schöpferischen Urkraft, das hervorbringt und in Erscheinung treten lässt, was auch immer Sie sich vorstellen und glauben können. Die Imagination verbindet Sie mit dem erwünschten Endzustand, wenn sie von Ihnen meisterhaft anwenden wird. Sie sollten also nicht wie ein Zuschauer auf das Ende schauen, sondern vom Ergebnis aus zurückblicken, als ob Sie das Ziel bereits erreicht hätten. **Vom erwünschten Ergebnis aus imaginieren, ist der Anfang aller Wunder.**

Verstärken Sie die Wandlung durch die „Macht der Wiederholung"!

Sie haben das sicher auch schon einmal erlebt, dass Sie an einen bestimmten Menschen gedacht haben und kurz darauf sind Sie ihm begegnet, oder er hat Sie angerufen. Natürlich wissen Sie schon längst, dass „Zufälle" keine gewöhnlichen Zufälle sind, sondern dass wir uns dafür resonanzfähig gemacht haben, das heißt dass etwas in unser Leben tritt, was wir zuvor verursacht haben. Auf alle Fälle ist es etwas, was zu uns will und auch so sein soll. Wussten Sie aber auch, dass man diese so genannten „Zu-fälle" auch bewusst herbeiführen kann?

Sie haben etwas imaginiert und wenn es eintrifft kommt der Zweifel kurz hoch und Sie denken: „Welch ein Wunder.

Welch ein Zufall, dass das jetzt genauso eingetroffen ist.".
Die meisten Menschen beginnen damit, sich einen Parkplatz
zu verursachen und wissen, dass das immer geklappt hat.
Das mag daran liegen, dass wir es leicht glauben können.
Wir haben ja auch vorher immer einen Parkplatz gefunden,
auch wenn es manchmal etwas länger gedauert hat. Warum
funktioniert das?
Wenn Sie versuchen, das zu verstehen, werden sie sehen,
dass der Verstand das nicht greifen kann. Lassen Sie sich
daher von Ihrem Verstand nicht irritieren und zweifeln Sie
nicht, denn dann wird es sicher nicht mehr funktionieren.
Machen Sie es einfach und freuen Sie sich doch darüber,
dass es so toll klappt. Auch ich habe früher des Öfteren versucht es zu verstehen, weil es sehr oft unlogisch war, dass es
geklappt hat, aber muss es denn logisch sein? **Müssen wir
es denn IMMER verstehen?**

Sie haben diesen Zu-Fall erschaffen, wer sonst?

Stellen Sie sich einmal VOR, durch einen glücklichen Zufall
kennen Sie die Handynummer vom lieben Gott und bitten
ihn, für heute Abend vor dem Theater, einen Parkplatz für
Sie zu reservieren. Und der liebe Gott sagt: „Weil du so ein
goldiges Kerlchen bist, sollst du deinen Parkplatz haben.
Du musst mir nur auf die Sekunde genau sagen, wann du
kommst." Darauf sagen Sie: „Das kann ich leider noch nicht
ganz genau sagen, weil ich nicht weiß, wie sich der Verkehr
entwickeln wird." Darauf hin wird der liebe Gott antworten:

„Ohne genaue Zeitangabe, kann ich dir aber nicht helfen, denn ich muss den, der den Platz für Dich räumen soll, ja kurz vorher wegfahren lassen. Wenn der zu früh vom Parkplatz wegfährt und du noch nicht da bist, dann könnte sich ein anderer auf deinen Parkplatz stellen.".

Wenn Sie also etwas Bestimmtes in Ihrem Leben verwirklichen möchten, dann nehmen Sie es durch schöpferisches Imaginieren erst einmal in Besitz. Ab dem Zeitpunkt kümmern Sie sich nicht mehr darum und widmen sich einfach Ihrem Leben. Warten Sie nicht, sondern vertrauen Sie darauf, dass es eintreten wird. Die Gewissheit, dass es geistig bereits geschehen ist, haben Sie ja schon – durch Ihre tief erlebte Dankbarkeit und das Gefühl des ERFÜLLT-SEIN bekommen. **Lehnen Sie sich also zurück und seien Sie sich sicher, dass es geschehen wird!**

Auf der individuellen Zeitlinie –
von der bloßen Vorstellung, SCHRITT für SCHRITT –
<u>zur bewussten „schöpferischen Imagination"</u>

<u>*Zusammenfassung:*</u>

Alles, was Sie denken und glauben können, das können Sie auch erreichen. „Bittet um das was Ihr wollt, glaubt nur, dass ihr es erhalten habt, und es wird euch gegeben werden."

1.) **„Unerwünschten Umstand erkennen** und IMAGINATIV in den „erwünschten Endzustand" umformen

2.) **Die Eigenschwingung und die Zielschwingung in Einklang bringen** (Gesetz der Resonanz)

3.) **Den erwünschten Endzustand verbal/geistig/schrift-**
lich in die Gegenwart versetzen: „Ich HABE bekommen", „Es, ist gelöst, geschehen, vollbracht", usw.

4.) **Sich imaginativ in die Erfüllung versetzen und dort**
erleben. Sich damit mit dem erwünschten Endzustand
imaginativ verbinden.

5.) **Sicherstellen, dass es sich natürlich und zu mir ge-**
hörig anfühlt. Spüren, dass es so STIMMT. Mich
wert fühlen, die Erfüllung JETZT erhalten zu HABEN.
Das Leben kann mir nichts geben, was ich mir selbst
versage.

6.) **Durch Identifikation mit dem erwünschten Endzu-**
stand, diesen geistig in Besitz nehmen. Sich dabei in
verschiedenen Situationen in der Erfüllung erleben und
den erwünschten Endzustand so zur geistigen Realität
formen.

7.) **Den erwünschten Endzustand imaginativ in die in-**
dividuelle Zeitlinie einfügen und dort verankern.
Vom Ziel aus auf der individuellen Zeitlinie entlang
zum JETZT schauen und dabei alle zur Erfüllung erforderlichen Ereignisse hervorrufen/erzeugen.

8.) **Sich in der Gewissheit des Glaubens befinden, dass**
es bereits geschehen ist. Die Energie des erfüllten
Wunsches nach dem Erzeugen so lange halten, BIS die
Erfüllung „in Erscheinung getreten" ist. Jedes Mal

wenn Sie daran denken, vertiefen Sie die Gewissheit des Glaubens. Sich mit Freude und Dankbarkeit erfüllen, weil es bereits geschehen ist. Auf allen Ebenen des SEINS – die Erfüllung spüren und fühlen.

9.) **In der INNEREN Gewissheit und der Überzeugung SEIN.** Danach ALLES wieder vollkommen loslassen und einfach vergessen. Dem GANZEN keine Beachtung mehr schenken.

Machen Sie einmal folgendes Experiment:

Beugen Sie sich dann langsam vor und führen Sie dabei Ihre Hände in Richtung Zehenspitzen. Dann richten Sie sich auf und stellen sich einmal vor, dass Sie die gleiche Übung wiederholen, aber diesmal bis zum Boden kommen, oder sogar Ihre Hände flach auf den Boden legen können. Machen Sie die Übung erneut und Sie werden sehen, dass Sie sofort deutlich weiter hinunter kommen werden.

Sie haben gerade eine mentale Grenze beseitigt und sofort Erfolg gehabt.

Übertragen Sie das auf Ihr Leben und verbessern Sie so ALLE Aspekte Ihres Lebens.

MIT DER „MACHT IHRER GEDANKEN" IHR LEBEN BESTIMMEN

Machen Sie sich die Macht Ihrer Gedanken bewusst. Der Gedanke ist wohl der wichtigste, aber am wenigsten verstandene Faktor, denn ALLES, was existiert, ist zuerst ein Gedanke gewesen. Um die Macht Ihrer Gedanken bewusst und gezielt einsetzen zu können, ist es Voraussetzung, dass Sie Ihr „Denk-Instrument" voll und ganz in Besitz nehmen. Erst dann können Sie Ihr Leben nach Ihren Wünschen gestalten.

Realisten orientieren sich gern an Tatsachen, anstatt sich die Tatsachen zu erschaffen, die sie gerne hätten. Dem „Acker Zukunft" ist es egal, was Sie säen, denn der Acker hat keine Wahl. Sie aber haben in JEDEM Augenblick die Wahl, genau das zu säen, was Sie gerne ernten wollen. Diese natürliche Fähigkeit Ihres Geistes zur Manifestation, ermöglicht es Ihnen, als Gewinner zu leben und aus jedem scheinbaren Misserfolg, doch noch einen Erfolg zu machen und so in JEDEM EINZELNEN FALL erfolgreich zu sein.

Gedankendisziplin ist der Schlüssel zu einem selbst bestimmten und erfolgreichen Leben. Es ist der Schlüssel zu Ihrer inneren Schatzkammer. Mit der Macht der Gedanken wird sich Ihnen diese Schatzkammer öffnen. Ihre Gedanken bestimmen Ihr Leben, SIE aber bestimmen ihre Gedanken. Sie könnten die Macht der Gedanken in jedem Augenblick nutzen. **Jetzt damit zu beginnen, wäre ein wirklich guter Zeitpunkt dazu.**

Eintreten in die „Unglaublichkeit des Jetzt"

Die meisten Menschen denken „halbhirnig" und leben „halbherzig". Wir sollten unser Gehirn nicht nur besitzen, sondern auch optimal nutzen. Geistig sind wir noch im Embryonalzustand, denn wir nutzen maximal zehn Prozent unseres wunderbaren „Bio-Computers", der aber zu hundert Prozent betriebsbereit ist. Erst wenn wir unser geistiges Potential voll ausschöpfen, sind wir „geistig erwachsen". Und erst dann beginnt das eigentliche Leben, so wie wir von der Schöpfung „gemeint" sind. Die meisten Menschen sterben, ohne je wirklich gelebt zu haben, das heißt OHNE das eigentliche Leben WIRKLICH kennen gelernt zu haben. **Ihnen wird hier nicht UNGLAUBLICHES anvertraut, sondern etwas Selbstverständliches, ja ganz Natürliches.** Sie haben die Vollmacht, die „schöpferische Urkraft" beliebig in Tätigkeit zu versetzen und damit genau das hervorzubringen, was Sie immer schon gewünscht haben. In Wirklichkeit können wir alle „zaubern" und JEDER unserer Gedanken verändert die Welt, auch wenn wir das nicht erkennen können. Sie werden hier an das natürliche „Unglaubliche" erinnert, was Sie bereits tief in sich wissen, aber vergessen haben. Nun werde ich Sie JETZT daran erinnern, dass Sie über die Macht, die stärkste Kraft des Universums, die schöpferische Urkraft verfügen, die Sie beliebig in Tätigkeit setzen können, um genau das hervorzubringen, was Sie immer schon wollten.

Es ist der Weg JESUS. Er sprach: „Ihr werdet Gleiches tun, wie ich und Größeres". **Es ist also nichts anderes, als das Antreten unseres geistigen Erbes, das seit Ewigkeiten darauf wartet, SICH bewusst zu werden.** Das Leben bekommt damit eine ganz neue Dimension. Jeder hat die natürliche Fähigkeit, Lebensprozesse, Umstände, Situationen und Ereignisse bewusst zu steuern, in eine gewünschte Richtung zu lenken und IN JEDEM FALL ein beabsichtigtes Ergebnis zu erzielen.

Stellen Sie sich das Bild der von Ihnen gewünschten Zukunft vor. Wenn Sie sich in der gewünschten Situation sehen können, SIND Sie in Resonanz und nehmen die erwünschte Zukunft durch Identifikation geistig „in Besitz". Sie können den erwünschten Endzustand imaginativ auch in Ihrer „individuellen Zeitlinie" festmachen, indem Sie sich IN DER GEWÜNSCHTEN ZEIT in der Erfüllung erleben. Der bewusste Gebrauch der schöpferischen Imagination lässt so das bereits VORERLEBTE „in Erscheinung treten".

Mag eine Situation noch so schwierig oder gar aussichtslos erscheinen, sie kann in JEDEM AUGENBLICK gewandelt werden. Die Änderung der schöpferischen Imagination heißt, sich etwas so vorzustellen, dass es sich in der Realität als Ereignis, als Situation, als Lebensumstand oder „Zu-Fall" manifestiert. Schöpferische Imagination ist die

Verbindung zwischen einer Absicht und der als Realität erlebten Erfüllung. Die erlebte Freude und Dankbarkeit, dass es bereits GESCHEHEN IST, ist wie bereits erwähnt, die „Auftragsbestätigung des Lebens".

JEDER Mensch ist ein Energiefeld, mit einer ganz individuellen Schwingung, die seine ganz persönliche „energetischen Signatur" aufzeigt. Mit Ihrer „energetischen Signatur" ziehen Sie ganz automatisch bestimmte Ereignisse in Ihr Leben und halten andere Ereignisse, die Ihrer energetischen Signatur nicht entsprechen, ebenso zuverlässig fern. Wenn Ihnen etwas an Ihren Lebensumständen nicht gefällt, müssen Sie daher zunächst Ihre energetische Schwingung ändern. Ihre „energetische Signatur" ist die wichtigste Anweisung an das Leben. **Wenn eine gesetzte Ursache mit der gewählten Identifikation nicht im Einklang steht, VERHINDERT die gewählte Identifikation nach dem GESETZ DER RESONANZ die Erfüllung, weil die Identität die stärkere Ursache ist.**

Das was Sie glauben, wird Ihre Erfahrungen bestimmen.

Ihre Erfahrung wird IMMER Ihrer Überzeugung folgen. Je nach Art Ihres Glaubens, wird dieser für oder gegen Sie arbeiten. Wahrer Glaube ist „Wirklichkeit schaffend". Lernen Sie Ereignisse „herbeizuglauben", indem Sie ganz bewusst Ihre Überzeugungen wählen. Sobald Sie wissen, dass Sie IN JEDEM AUGENBLICK die freie Wahl haben, werden Sie Ihre Zukunft frei bestimmen können. Wir alle sind „Zukunftsarchitekten", aber SIE entscheiden, ob Sie Ihre Zukunft bewusst, oder unbewusst bestimmen. Sie können JEDERZEIT in die vergessene Vollmacht eintreten, Ihr Leben und Ihr Schicksal frei bestimmen und wieder so leben, wie Sie von der Schöpfung „gemeint" sind: Sie sind der Schöpfer!

ZIELKLARHEIT

Bevor ich ein Ziel erreichen kann, muss ich auch ein Ziel vor Augen haben. Die meisten Menschen wissen nur zu gut, was sie NICHT wollen. Sie sehen, dass andere Menschen erfolgreicher, gesünder und glücklicher sind. Da muss man sich doch fragen, wie machen das die anderen? Was machen Sie anders und was mache ich falsch? Warum gehöre ich nicht dazu? Warum stellt sich mein Erfolg nicht ein? Warum lerne ich keinen lieben Menschen kennen? Fragen über Fragen, die uns nachdenklich stimmen. Wie werde ich NUN (m)ein erfolgreicher „Lebens-Architekt"?

JETZT in genau diesem Augenblick, können Sie ALLES ändern. Setzen Sie sich sinnvolle und erfüllende Ziele. Bevor Sie sich ein Ziel setzen, probieren Sie aus, wie sich diese Zukunft anfühlt. Stimmt sie für mich? Ist es wirklich das, was ich mir wünsche? Ist es meiner Verwirklichung hilfreich? Wenn Sie voller Begeisterung dafür sind, innere Überzeugung fühlen und ein tiefes Erfüllt-Sein entdecken, dann wird Ihnen der Erfolg in den Schoß fallen.

Mitunter geschieht es immer wieder, dass sich ein Ziel verwirklicht hat und ich trotzdem enttäuscht bin. Sie werden feststellen, dass sich der Wunsch zwar verwirklicht hat, der Wunsch aber nicht der war, den Sie sich wünschen hätten sollen. Deshalb ist es wichtig das Ziel zuvor zu erleben, um ganz sicher zu sein, ob es auch für Sie stimmig ist. **Ein egoistischer Wunsch wird immer Schmerz nach sich ziehen.** Ein Herzenswunsch hingegen, welcher Ihrer Verwirklichung entspricht, wird Sie auf Händen tragen.

Wenn Sie also nicht wissen, was ihrem innersten Verlangen entspricht, sollten Sie das durch Vorerleben herausfinden.

Es geht also nicht nur darum zu lernen, wie ich das Erwünschte erreiche, sondern auch das „Richtige" zu wollen. Also muss ich JETZT das „Richtige" tun, damit es in der Zukunft entsprechend eintreten kann. **Ich kann also JEDEN erwünschten Zustand in Erscheinung rufen.**
Das Ergebnis wird IMMER sofort geschehen, auch wenn ich es noch nicht sehen kann. Bevor es sich manifestiert, muss es in Gedanken vorhanden sein. Erst dann kann sich Feinstoffliches in Grobstoffliches wandeln. Ich muss daher nicht warten, bis ein Umstand unerwünscht ist, um ihn zu ändern, sondern kann die erwünschte Zukunft durch das ERSCHAF-

FEN der entsprechenden Ursachen JETZT projizieren. So kann ich unerwünschte Zukunft erwünscht umformen. Ich kann aber auch eine ganz oder nur teilweise geformte Zukunft umformen, bevor sie weiter Ihren Lauf nimmt. Wenn aber bereits unerwünschte Zukunft eingetreten ist und zur Gegenwart wird, kann ich sie immer noch frei gestalten.

Was bereits geschehen ist, ist geschehen. Das „bisher" steht fest. Darüber muss ich nicht mehr nachdenken, denn das Gute daran ist auch, dass es nicht wieder kommt und bereits vorbei ist. **Das viel wichtigere „noch nicht Eingetretene" aber, wartet auf den Auftrag seines Schöpfers.**

DIE NATÜRLICHE FÄHIG-KEIT DER INTUITION

Durch Intuition ist es uns möglich, vor einem Treffen mit einem anderen Menschen, seine Absichten wahrzunehmen. Welche Fragen gestellt werden, welche Unterlagen ich benötige etc., und vor allem wie das Treffen ausgehen wird! Mit Hilfe der Intuition können wir uns auch für komplexe Aufgaben, Lösungen „ein-fallen" lassen. Um intuitiv zu sein, müssen wir zunächst alle Leitungen frei machen. Die Leitung der Gedanken mutiert zur Gedankenstille, um Störungen zu vermeiden. **Dann müssen wir lernen, die Intuition auch wahrnehmen zu können.** Unser sechster Sinn wird immer dann besonders wertvoll, wenn Analyse und Logik nicht weiterhelfen. Erst die Kombination von intuitiven

Erkenntnissen und Fakten ermöglicht, Entscheidungen nicht mehr zu fällen, sondern ganz natürlich zu „treffen".

Ein erster Schritt kann sein, sich auf den kosmischen Ton zu konzentrieren und ihn immer öfters bewusst wahrzunehmen.

Ein anderer Weg ist die „AMPEL – INTUITION". Was zeigt meine Intuitions-Ampel an, wenn ich an etwas Bestimmtes denke? Aber sie ist besonders wertvoll, wenn ich gerade meine Intuition nicht frage.

SUPER-INTUITION ist Leben in ständiger Wahrnehmung dessen, was IST! Das Ergebnis ist eine untrügliche „innere Gewissheit".

Dann steht auch intuitive Menschenkenntnis zur Verfügung, sodass wir JEDEN einfach durchschauen können – auch uns selbst. Die Ergebnisse der Intuition sind für den Verstand oft verblüffend oder erscheinen oft als sehr unwahrscheinlich. Doch sind Sie AUSNAHMSLOS stets zutreffend.

Der einzige relevante Beweis für Intuition ist die persönliche Erfahrung dieser natürlichen Fähigkeit eines jeden Menschen. Die Aufgaben der Zukunft, die ohne Intuition nicht mehr zu bewältigen sind, haben längst begonnen.

Die Art zu denken, wie wir es gewohnt sind und erlernt haben, hat die heutigen Probleme erst geschaffen und ist daher auch komplett ungeeignet, um diese Probleme lösen zu wollen.

SICH EIN UMFASSENDES „WOHLSTANDSBEWUSST-SEIN" SCHAFFEN

Reichtum entsteht im Denken. Nicht Geld regiert die Welt, sondern das Mangelbewusstsein. Von Kind an wird uns eingeredet, dass es nur einen begrenzten Vorrat an Wohlstand gäbe und dass man sich sein Geld genau einteilen müsse. Immer wieder hören wir: Das können wir uns nicht leisten..., dafür fehlt uns das Geld..., das ist zu teuer usw. ...
Gleichzeitig aber erleben wir, dass andere offensichtlich alles haben und immer noch mehr bekommen. Da muss man sich doch die Frage stellen, warum das so ist. Was machen die anderen? Was mache ich falsch?
Genau diese Fragen und diese Gedanken sind das Problem, die dann zur Überzeugung werden und mein mangelhaftes Leben nähren. Diese Gedanken formen das begrenzte Selbstbild, was mein Leben begrenzt. **Es verhindert, dass ich an der Fülle der Schöpfung teilhaben kann, weil ich es ja in Frage stelle.**

Wenn ich glaube: „Geld ist die Wurzel allen Übels", oder „Geld verdirbt den Charakter", „Geld macht nicht glücklich" etc. ..., dann entsteht dadurch ein Mangelbewusstsein, das Geld sehr zuverlässig von uns fern halten wird. Denn wer will schon seinen Charakter verderben und die Wurzel allen Übels in sein Leben ziehen?

Verdorben wird der Charakter nur durch das eingeprägte Mangel-Bewusstsein, nicht durch das Geld. Geld ist weder gut noch schlecht. Geld ist lediglich ein Blatt Papier, ein verdichtetes Energiefeld, ein Tauschmittel. So etwas wie GUT oder SCHLECHT gibt es nicht. Es ist nur unsere „Meinung", die aber nichts mit der Sache selbst zu tun hat. Die Schöpfung schafft alles im Überfluss, aber der Mensch hat eine Vorstellung entwickelt, dass das was wenig vorhanden ist, besonders wertvoll sei. Ein einmaliges Gemälde oder eine besonders seltene Briefmarke – dafür werden Vermögen ausgegeben. Geld ist also ein Maßstab dafür, was einer „vermag" und wer viel vermag, der ist vermögend. Geld ist ein anderes Wort für Können. Genau betrachtet ist Geld nur „Altpapier", nicht einmal als Notizpapier zu gebrauchen. Es ist ein Versprechen und nur solange „wertvoll", solange dieses Versprechen eingelöst wird. Früher war die D-Mark ein solches Versprechen und heute hat Sie nur noch Sammlerwert. ALLES Papiergeld wird irgendwann wertlos sein, weil das damit verbundene Versprechen nicht mehr eingelöst wird und weil es von Jahr zu Jahr ohnehin immer mehr an Wert verliert.

Die Macht des Geldes zeigt sich erst dann, wenn Menschen aus dem Mangelbewusstsein heraus Geld höher einschätzen, als das Leben und so die Natur und damit die Voraussetzungen für das Leben zerstören. Dem Geld nachzulaufen ist völlig sinnlos, solange Sie in einem Mangelbewusstsein sind, denn selbst wenn Sie es erreichen, könnten Sie es nicht „halten", wie unzählige Lottomillionäre beweisen. Mit einem Mangelbewusstsein kommen Sie im

Leben nie zu etwas und mit einem Wohlstandsbewusstsein wird sich alles zur Fülle wandeln, was auch immer Sie anfassen. Wenn Sie glauben, Geld sei schlecht, für sich aber nur „Gutes" wollen, wie können Sie es dann bekommen?

Mit Geld können wir uns Wünsche erfüllen, oder das Leben anderer verbessern. Noch besser ist es anderen dabei behilflich zu sein, die Fülle in ihrem Leben verwirklichen zu können.

Das „Geldspiel"

Scheinbar zwingt uns das Leben, das „Geldspiel" mitzuspielen, denn ganz gleich, was wir im Leben haben wollen, dazu brauchen wir Geld. In Wirklichkeit will niemand Geld haben, vielmehr ist es das, was er sich dafür kaufen möchte. Warum also nicht gleich das „verursachen", was Sie haben wollen, ohne den Umweg über das Geld zu machen? Denn Geld an sich ist wenig attraktiv und wohl keiner würde es sammeln wollen, wenn er sich nichts dafür nichts kaufen könnte. Solange Sie aber für die Erfüllung Ihrer Wünsche den Umweg über das Geld machen, MÜSSEN Sie das „Geldspiel" mitspielen – ob Sie das wollen oder nicht. Und dieses Spiel wird nach Regeln gespielt, die SIE nicht beeinflussen können!

Da Sie aber ein Schöpfer sind und daher über ein Schöpfer-Bewusstsein verfügen, können Sie das Erwünschte direkt, SOFORT und ohne Umwege „manifestieren". Auf diesem kürzeren Weg, bestimmen nur SIE die Regeln. Erst dann können Sie wirklich frei sein und ALLES vom Leben bekommen. Was immer Sie denken, sich vorstellen und glauben können, wird sich darstellen, denn es ist ja Ihre Wahl.

Erleben Sie einmal die grenzenlose Freiheit des Schöpfers, der selbst bestimmt, was sich in seinem Leben als Realität manifestieren soll und erleben Sie auch, dass Sie alles, wirklich ALLES haben können. Dem Leben ist es ganz gleich, ob Sie sich wenig oder mehr nehmen.

Es ist genug für alle da und indem Sie etwas erschaffen, wird sich der Wohlstand der Welt vermehren.

Sie brauchen nur zu wählen! Das ist das ganze Geheimnis, dass SIE in JEDEM Augenblick aufs Neue die Wahl haben, jede Bestellung zu erhalten. Das Leben macht keine Fehler und liefert ALLES, was ein Schöpfer bestellt. Und wenn Sie doch einmal Geld brauchen, können Sie natürlich auch das wählen und werden es auch bekommen. Sie werden sich wie im Paradies fühlen und das ist nur eine Erinnerung, um Ihnen mitzuteilen, dass Sie das Paradies nie verlassen haben. Sie haben lediglich vergessen, WER sie sind und welche Möglichkeiten Sie dadurch haben.
Vielleicht sind Sie bereit, sich wieder daran zu erinnern, vielleicht sind Sie sogar JETZT dazu bereit. Das Leben wartet nur auf IHRE Anweisungen und liefert, was auch immer SIE bestellen – UMGEHEND! Also treffen Sie Ihre Wahl

und genießen Sie Ihr Leben als Schöpfer. Mangel und Verzicht sind in einem Leben als Schöpfer nicht vorgesehen, es sei denn, Sie wählen diese Erfahrung, weil Sie diese gerne machen möchten. Entdecken Sie die grenzenlosen Möglichkeiten, die das Leben Ihnen bietet – und wählen Sie.

Nun sagen viele Menschen: „Ich möchte den Mangel ja loslassen, doch er lässt mich nicht los!" Da jede Wirkung eine entsprechende und vorhergehende Ursache hat, sollten wir uns immer fragen, was genau diesen Mangel verursacht hat. Beim Überprüfen, werden wir immer auf die gleiche Ursache stoßen: Auf unser Mangel-Bewusstsein.

In dem Moment wo ich sage: „Ich wünsch mir dies oder das", bemerke ich vielleicht gar nicht, dass das nur aus einem Mangel heraus gesagt werden kann. Mit diesem Wunsch zeige ich ja auf, dass mir etwas fehlt. Nur einem Menschen dem nichts „fehlt", wird die Fülle auch begegnen.

Bevor wir uns nun daran machen, die Dinge im Außen zu verändern sollten wir die innere Voraussetzung für die Fülle erschaffen. Hier geht es auch um SELBST-Erkenntnis und Wertigkeit. Wie erschaffe ich also ein umfassendes Wohlstands-Bewusstsein?

Hier hilft wieder das geistige „in Besitz" nehmen, das Vorerleben des Ergebnisses, das sich „zu Eigen machen" und die tiefe Dankbarkeit und Freude zu spüren, dass es bereits eingetreten ist.

Ganz gleich was Sie gerne haben oder erreichen wollen, ihr SO-SEIN wird darüber entscheiden! Ihre energetische Signatur wird mit dem in Resonanz gehen, was Sie bewusst oder unbewusst „ausstrahlen". Sobald die Fülle in Ihrem Bewusstsein verwirklicht ist, wird sie sich auch im Außen zeigen. Gehen Sie den Weg des sich BEWUSST-WERDENS und leben Sie Ihre Bestimmung, ein Schöpfer zu sein.

DURCH „UMFÜHLEN" DIE REALITÄT VERÄNDERN

Fühlen Sie einmal, wie es sich anfühlt, vollkommen glücklich zu sein. Das kann sich ein jeder ganz gut vorstellen und im gleichen Augenblick beginnen Sie sich auch schon glücklich zu fühlen. Sie FÜHLEN, wie es sich anfühlt, glücklich zu sein.

Ihr energetisches SO-SEIN, das Sie selbst lenken können, bestimmt nach dem Gesetz der Resonanz immer das, was Sie im Außen erleben – Ihre Realität. Wie im Innen, so im Außen. Wenn Sie das wirklich verinnerlicht haben, werden Sie die äußeren Umstände nicht mehr für Ihren momentanen Zustand verantwortlich machen, sondern Sie werden damit beginnen, Ihre Realität durch ihr wahres SO-SEIN zu bestimmen und zu verändern. Das Leben hat keine Schuld, wenn Sie etwas verursachen. Seien Sie einfach SIE SELBST und das Leben wird paradiesisch. Nur wenn Sie „aus dem Paradies heraus" leben, wird es sich auch zeigen können. Wenn Sie aus dem dunklen Kämmerchen hervorblicken und voller Ängste, Zweifel und Unwissen auf das Leben schauen, dann wird es so bleiben wie es ist.

Wie fühlt es sich denn an, wenn Sie wohlhabend wären? Sobald Sie damit beginnen, sich das vorzustellen, es auch fühlen und die Überzeugung und Gewissheit haben, dass es wirklich so ist, manifestiert es sich als Realität. Schauen Sie also nicht sehnsüchtig auf das, was Ihnen scheinbar fehlt (Vorsicht: MANGELBEWUSSTSEIN), blicken Sie auf das zurück, was Sie bereits alles haben (Manifestation durch RESONANZ der Gegenwart) und erfreuen Sie sich daran.

Die Voraussetzung für Reichtum und Erfolg, ist das Gefühl der Wertigkeit. Ich bin es wert FÜLLE zu sein! Dieser Satz ist Wohlstand. Das Gesagte und Gedachte muss im EINKLANG mit mir sein und meiner Identität entsprechen, damit es sich verwirklichen kann. In meiner schöpferischen Identität, kann ich also die Voraussetzung für meinen Erfolg schaffen.

Sobald ich mir bewusst mache, wie ich mich fühlen würde, wenn ich wohlhabend und erfolgreich wäre, fühle ich mich nicht nur reich und erfolgreich, sondern es ändert sich durch dieses Gefühl auch meine Identität. Damit ist das „mich wert Fühlen" hier, und damit die Voraussetzung dafür geschaffen, um im gleichen Augenblick Reichtum und Erfolg empfangen zu können. Es „geschieht" und MUSS sich als Realität manifestieren, wenn ich es nur zulasse, dass meine Aufmerksamkeit jetzt wieder auf etwas anderes gerichtet wird.

Ich BIN das, was ich fühle und erlebe. Die Fähigkeit, ALLES fühlen und erleben zu können, ist der Schlüssel für das Gestalten der Realität.

AUCH ABNEHMEN BEGINNT IM KOPF

Weshalb nehmen wir zu? Übergewicht ist eine „emotionale Verstopfung". Es ist Ballast, den wir mit uns umhertragen, es sind Dinge die wir nicht loslassen können. Weiters kann es die Sehnsucht nach „Kontakt" sein, denn der Körper vergrößert bei Bedarf die „Kontaktfläche". So wird uns aufgezeigt, wo etwas geändert werden sollte.

❃ Wo mache ich es mir schwer?

❃ Wovor habe ich Angst und lege mir deshalb einen Schutzpanzer zu?

❃ Wo habe ich mit „Nähe" Kontaktprobleme und Schwierigkeiten und verstecke mich deshalb hinter einem Fettpanzer?

Es ist die Sehnsucht nach „Fülle"!

Der erste Schritt zum Abnehmen ist zu erkennen und anzuerkennen, dass ich übergewichtig bin, denn ich KANN eine Situation nicht ändern, wenn ich versuche die Tatsachen zu verleugnen.

Der nächste Schritt könnte die Erkenntnis sein, dass dies nicht mein natürlicher Zustand ist.

Im nächsten Schritt sollte ich die Botschaft MEINES Körpers verstehen, warum ich Übergewicht habe.

Ich MUSS also zuerst die Ursache erkennen und beseitigen, bevor ich die Wirkung auflösen KANN. In JEDEM Dicken steckt ein Dünner und die Wirklichkeit meines wahren SEINS, der der ich wirklich BIN. Also tue ich das „NOTwendige", um zu meinem wahren SEIN zurück zu finden. Das heißt auch, mein Übergewicht als Auf-Gabe zu erkennen, anzunehmen und los zu lassen. In JEDER Auf-GABE steckt IMMER eine Gabe.

Eine Gabe bedeutet, den NOT-wendigen Entwicklungsschritt zu tun. Mich „ zu ent-wickeln" heißt, alte Muster, Gewohnheiten, Strukturen und Umstände loszulassen und sich von all dem, was nicht mehr zu mir gehört, zu lösen. Nur so kann mein wahres SEIN auch zum Vorschein kommen.
Eine andere Gabe könnte es sein, den „Weg der Freude" zu gehen und es mir im Leben leicht zu machen, denn das Leben findet mir zur Freuden statt.
Eine andere Gabe könnte es sein, endlich meine „Hausaufgaben" zu machen und endlich das zu TUN, was längst überfällig ist.
Eine andere Gabe könnte es sein, meine Vergangenheit endlich loszulassen und sie nicht mehr mit mir herumzuschleppen. Nicht ständig daran zu denken und sie wieder lebendig zu machen. Die Vergangenheit muss nicht „aufgearbeitet" werden, es genügt sie endlich SEIN zu lassen und ihr keine weitere Achtsamkeit einzuräumen. Vergangenes hat in meiner Gegenwart nichts zu suchen.
Eine besondere Gabe könnte es sein, die körperliche Fülle in eine andere Form der Fülle zu transformieren, wie zum Beispiel in eine Fülle an Lebensfreude, eine Fülle an Wohl-

stand, Gesundheit, Erkenntnis oder Glück! Energie KANN nach dem Energieerhaltungsgesetz nicht verloren gehen, sie kann aber JEDERZEIT in eine andere Form umgewandelt werden.

Geben Sie Ihrer Fülle die von Ihnen gewünschte Form.

Machen Sie es sich leicht, denn das Leben meistert man entweder spielend, oder gar nicht. Alles was „schwer" geht, ist nicht optimal. Alles was vom Leben für Sie gedacht ist, geht IMMER nur mit Leichtigkeit. Dinge die „schwer" gehen, SOFORT aus dem Leben streichen oder ändern.

Versuchen Sie nicht mit Gewalt etwas geradezubiegen, denn wenn es nicht von SELBST geschieht, ist es nicht der stimmige Weg.

JEDE Krise ist immer in Wirklichkeit eine Chance zum Besseren. Nutzen Sie Ihre Chance – JETZT!

Und da war da noch die Frau, die hatte zwar etwas Übergewicht, strahlte aber so viel Liebe und Freude aus, dass es fast unglaublich war. Sie liebte ihren Körper und war eins mit sich und der Welt. Auf die Frage nach ihren paar Pfunden zuviel, antwortete sie lachend:

In uns allen wohnt Gott. Warum soll ich ihn in eine „Ein-Zimmer Wohnung" sperren? In mir hat er Platz. Er kann sich ausdehnen und wohl fühlen. Er hat viel Raum zur Verfügung und es macht mich glücklich, ihm diesen Raum zur Verfügung stellen zu dürfen.

> ### *Kaum zu glauben: Meditatives Bodybuilding*
>
> ## Mit Gedankenkraft die Muskeln stählen
>
> *Eine gute Nachricht für alle Sportmuffel, die sich dennoch einen durchtrainierten Körper wünschen: Der US-Physiologe Guang Yue hat nachgewiesen, dass Muskeln sich allein mit der Kraft des Geistes kräftigen lassen. Bei einem Test mussten sich zehn Männer in Gedanken regelmäßig darauf konzentrieren, wie es wäre, wenn sie bestimmte Muskelpartien ihres Körpers trainierten. Nach einer Woche hatte die Masse der lediglich meditativ bewegten Muskeln um bis zu fünfzehn Prozent zugenommen. „Die motorischen Neuronen in den Nerven, die die Muskelbewegungen verursachen, lassen sich anscheinend durch starke Impulse vom Gehirn stimulieren", erklärt der Forscher am Lerner-Research-Institut in Cleveland dieses Phänomen. Seine Erkenntnis konnte nun bei Rehabilitationsmaßnahmen von geschwächten Patienten zum Einsatz kommen.*

„ACH WISSEN SIE, ICH BIN DA REALIST."

Immer wieder sagt da jemand: „Ach wissen Sie, da bin ich Realist. Das Leben ist viel zu komplex, als dass es nach so einfachen Prinzipien funktionieren würde. Ich habe schon ALLES versucht. Wenn das so einfach wäre, würden das ja alle machen!"

Darauf sage ich dann: Wenn Sie wirklich Realist sind, dann sollten Sie nicht diskutieren und argumentieren, sondern handeln. NUR das Tun ändert die Welt. Alles andere sind nur „mentale Spielereien". Wenn Sie wirklich Realist sind, dann beurteilen Sie die Dinge nicht, bevor Sie sie selbst erprobt haben. Ohne die eigene Erfahrung, ist Ihre Aussage nur eine Meinung. Diese Meinung zeigt nur die Begrenztheit auf. Wenn Sie es selbst erprobt haben, WÜSSTEN Sie, dass es wirkt und jedes Urteil und jede Diskussion wären überflüssig. Wenn Sie wirklich Realist sind, dann würden Sie sich nicht mehr Grenzen setzen, sondern sie täglich überschreiten, um Ihre Grenzen zu erweitern. Wenn Sie WIRKLICH Realist sind, dann wissen Sie sicherlich auch, dass Realität nicht nur das ist, was es schon gibt, sondern auch ALLES, was noch darauf wartet, entdeckt und verwirklicht zu werden. Und genau DAS ist der interessantere Teil der Realität.

Sie brauchen mir nichts zu glauben – ERLEBEN Sie es selbst und lassen Sie es zu Ihrer Erfahrung werden!

DIE OPTIMIERUNG DER „ENERGETISCHEN SIGNATUR"

Sie sind ein permanenter Sender und senden STÄNDIG Energie einer ganz bestimmten Schwingung aus. Ihre „energetische Signatur" zieht damit zuverlässig ganz bestimmte Ereignisse in Ihr Leben und hält ebenso zuverlässig andere Ereignisse und Umstände fern, auch wenn Sie sich diese noch so sehr wünschen. Sie können aber JEDER-ZEIT – ganz bewusst – Ihre „energetische Signatur" gezielt verändern, sodass Sie „unerwünschte" Ereignisse nicht mehr hervorrufen und erwünschte Ereignisse magnetisch in Ihr Leben ziehen.

Das bewusste Gestalten Ihrer „energetischen Signatur" gibt Ihnen die Möglichkeit, Umstände und Ereignisse aktiv zu steuern, in eine gewünschte Richtung zu lenken und ein beabsichtigtes Ergebnis zu erzielen. Damit beginnen Sie Ihr Leben wirklich zu „führen".

Und so sieht das praktisch aus:
Erster Schritt: Etwas an jemandem sympathisch finden. Dadurch entsteht nicht nur SOFORT eine energetische Brücke der Sympathie, sondern im gleichen Augenblick ändert sich die eigene „energetische Signatur". Sie wird spürbar harmonischer.

Zweiter Schritt: Allgemein „wohlwollend" sein und sich mit dieser Energie erfüllen. Das löst SOFORT „wohlwollende" Reaktionen des Lebens aus, wie zum Beispiel: Unerwartete Chancen, glückliche „Zufälle" usw.

Dritter Schritt: Ich erfülle mich mit der Energie „Gesundheit" und spüre, wie diese Energie im gleichen Augenblick damit beginnt, meinen Körper zu „heilen". Indem ich in dieser Energie bleibe und sie durch mehrfache Wiederholung vertiefe und verankere, lasse ich Heilung STÄNDIG geschehen.

Vierter Schritt: Ich behalte alle anderen Energien bei und füge bewusst die Energie: „Wohlstand" hinzu. Es genügt NICHT, es nur zu denken, sondern ich muss es FÜHLEN und VERINNERLICHEN. Ich FÜHLE mich einmal ganz bewusst wohlhabend. Das bedeutet sehr viel mehr, als nur genügend Geld zu haben, denn wie es die Weisheit der Sprache schon sagt, bedeutet Wohlstand, dass in meinem Leben ALLES „zu meinem WOHLE steht". Auch diese Energie vertiefe und „verankere" ich durch mehrfache Wiederholung, bis sie ein selbstverständlicher Teil meiner „energetischen Signatur" geworden ist. Damit werde ich geradezu „magnetisch" – für mehr Wohlstand in meinem Leben!

Fünfter Schritt: So kann ich meine „energetische Signatur" STÄNDIG optimieren. Das praktiziere ich immer wieder, indem ich unerwünschte Energien durch erwünschte ersetze und damit meinen „Dauerauftrag an das Leben" STÄNDIG optimiere, sodass ich letztendlich NUR noch erwünschte Situationen, Ereignisse und Umstände in mein Leben ziehe. SO lebe ich in der „Leichtigkeit des SEINS".

DIE KUNST, DIE RICHTIGE ENT-SCHEIDUNG ZU „TREFFEN"

Stellen Sie sich einmal vor, wie dramatisch sich Ihr Leben verändern würde, wenn Sie ab sofort NUR noch „RICHTI-GE ENTSCHEIDUNGEN" treffen würden. Sie könnten Ihren Wohlstand beliebig vermehren, Sie würden den richtigen Partner erkennen, Sie könnten Ihrem Körper zuverlässig dabei helfen, um wieder gesund zu werden und zu bleiben und Sie könnten – in jedem einzelnen Fall – erfolgreich sein! Sie würden gleich die richtige Tätigkeit wählen und immer die richtigen Worte finden. **Genau das ist möglich und wenn Sie wollen, beginnt diese Erfahrung genau JETZT – in DIESEM AUGENBLICK.**

Entscheidungen werden nicht mehr aus dem Verstand „getroffen", sondern sie werden durch Wahrnehmung der „energetischen Signatur" geschehen.

Die richtige Entscheidung erspart uns viele Enttäuschungen, Zeit, Geld und Leid. So können wir ab sofort „stimmig" leben und im Ein-Klang mit dem Leben sein.

Das geschieht in vier einfachen Schritten:
1.) Machen Sie sich in diesem Augenblick Ihre „energetische Signatur" bewusst.
2.) Nehmen Sie etwas ins Bewusstsein, das absolut FALSCH ist, wie zum Beispiel: „Ich bin siebzehn Jahre alt.", „Heute ist Dienstag.", oder „Ich wohne in Berlin.". Machen Sie sich auch hier die veränderte „energetische Signatur" bewusst, indem Sie sich mit drei veränderten Qualitäten benennen.

3.) Nehmen Sie nun etwas ins Bewusstsein, das absolut RICHTIG ist, und machen Sie sich wieder die Veränderung der „energetischen Signatur" bewusst. Vergleichen Sie die „energetische Signatur" von „RICHTIG" mit der „energetische Signatur" von „FALSCH" und machen Sie sich den Unterschied bewusst, sodass Sie „RICHTIG" und „FALSCH" energetisch eindeutig unterscheiden können.

4.) Nehmen Sie nun etwas ins Bewusstsein, was gerade aktuell zu entscheiden ist. Vielleicht eine Entscheidung, vor der Sie derzeit gerade stehen. Wählen Sie bei der Formulierung aber die Behauptungsform. Wie zum Beispiel: „Es ist für mich richtig, mich so zu entscheiden.", oder „Es stimmt für mich, das zu tun.".

Machen Sie sich dabei die „energetische Signatur" bewusst. Ist es die Signatur von „RICHTIG", oder von „FALSCH"? Sollte die Antwort nicht sofort eindeutig sein, prüfen Sie durch weitere Behauptungen, WAS daran richtig und WAS daran falsch ist. Manche Entscheidungen sind nicht NUR richtig oder falsch, sondern es gibt auch ein ABER, und das können Sie durch entsprechende Fragen herausfinden und lösen.

Sie sollten SO ab sofort in der Lage sein, die für Sie wirklich optimalen Entscheidungen zu „treffen" und wirklich „stimmig" zu leben. Entscheidungen, die Sie so wirklich „getroffen" haben, sind auch in Jahren noch richtig, wie es die Zukunft zeigen wird.

WIE SIE SICH FÜR EINE GEWÜNSCHTE ERFAHRUNG „MAGNETISCH" MACHEN

Folgende Schritte können Sie beliebig einsetzen. Entscheiden Sie, ob Sie sie für Gesundheit, Erfolg, Wohlstand, eine harmonische Beziehung oder für Ihr Glück nutzen wollen!

1.) Ich schaffe Zielklarheit. Bevor ich etwas erreichen kann, muss ich wissen, was ich will.

2.) Ich lasse ALLE verhindernden Überzeugungen und Identifikationen los oder wandle sie in hilfreiche Überzeugungen um, denn: „Einem JEDEN geschieht nach seinem Glauben".

3.) Ich muss es denken, mir vorstellen und glauben können. Es muss mir ganz natürlich und zu mir gehörig erscheinen. Es sollte sich gut anfühlen. Ich sollte mich „in der Erfüllung" erleben – es SEIN! Die „Vorstellung" mit einem starken Gefühl der Freude verbinden. Damit wird es Teil meiner „energetischen Signatur" und ein „Dauerauftrag an das Leben". So MUSS es als meine „erlebte Realität" in Erscheinung" treten.

4.) Indem ich meine Aufmerksamkeit auf das richte und gerichtet HALTE, was sein soll, bleibt mein „Auswahlempfänger" darauf eingestellt und zieht es „magnetisch" an.

5.) Ich nutze auch den „kausalen Wandlungspunkt"! Ich lösche unerwünschte Programme und „verankere" das erwünschte Programm durch die „Macht der Wiederholung"!

6.) Ich mache mich „unwiderstehlich magnetisch", indem ich die Erfüllung segne, dafür dankbar bin und mit Dankbarkeit an die Erfüllung denke. Ich fühle sie OHNE Erwartungen aus tiefstem Herzen und tiefster Überzeugung, wann auch immer ich daran denke.

7.) Indem ich den erwünschten Endzustand als erfüllt „ERLEBE" und ihn damit geistig „in Besitz nehme", mache ich ihn mir „zu Eigen" und damit ist er Teil meiner Realität geworden. Das Leben MUSS ihn dann – als meine ERLEBTE Realität – „in Erscheinung" treten lassen. Geschieht es aber nicht, habe ich ein verhinderndes Programm oder eine blockierende Überzeugung übersehen und beginne noch einmal bei Schritt eins! Das tue ich solange, bis ich in JEDEM EINZELNEN FALL erfolgreich bin!
Das Leben macht keine Fehler – der Mensch aber schon!

__Tipps:__
✪ Die Aufmerksamkeit nie länger als einige SEKUNDEN bei dem lassen, was NICHT sein soll – dann ganz be-

wusst abziehen und auf das, was sein soll RICHTEN UND GERICHTET halten!

- Ein bewusster Sender sein. Was verursacht das, was ich gerade aussende? Was will ich verursachen? Was muss ich dazu aussenden? Unerwünschte Energien (Zweifel) SOFORT auflösen oder umwandeln. Bewusst „stimmig" leben, denn wenn ich stimme, dann stimmt auch mein Leben.

WIE ICH DAS BEKOMME, WAS ICH WILL

Auf dem Weg zur Verwirklichung meines Vorhabens:

- *Akzeptieren:* Ich akzeptiere zunächst einmal, dass es derzeit so ist und dass eine Änderung erforderlich und wünschenswert ist.
- *Wirklich WOLLEN, nicht nur „möchten":* Ich überzeuge mein Unterbewusstsein, dass es mir mit meinem Vorhaben Ernst ist, indem ich mich UNWIDERRUFLICH entscheide, SOFORT damit beginne und nicht aufgebe, bevor ich mein Ziel erreicht habe. Mein Vorhaben ist erst beendet, wenn ich es erfolgreich abgeschlossen habe.
- *Zielklarheit schaffen:* Genau bestimmen, was ich eigentlich will. Eventuell eine „Alternativ-Zukunft" ausprobieren.

- *Loslassen, was ich NICHT will:* Für das Raum schaffen – was sein soll.
- *Ein störendes oder überholtes Programm „löschen"* und das erwünschte Verhalten, bzw. Ergebnis eingeben.
- *Ich lasse ganz bewusst ALLES los, was mich an meinem Vorhaben hindern könnte.* VOR allem negative Glaubenssätze, wie: „Das schaffe ich niemals" oder: „Man kann im Leben nicht alles haben", und wandle sie in hilfreiche Glaubenssätze um. „Ich bin ein Gewinner und erreiche mein Ziel garantiert"! Ich ändere auch meine Gewohnheiten, die für mein Vorhaben nicht hilfreich sind und schaffe durch die „Macht der Wiederholung", neue und Erfolg fördernde Gewohnheiten.
- *Das Ziel „vor Augen" haben:* Ich schaffe mir eine Collage des „erwünschten Endzustandes", um mein Vorhaben meinem Unterbewusstsein in seiner Sprache, dem Bild zu zeigen, damit ich Missverständnisse ausschließe. Ich verbinde das Bild des erwünschten Endzustandes mit einem starken Gefühl der Zustimmung und Freude.
- *Das Ziel auf meiner „individuellen Zeitlinie" festmachen:* Ich erstelle einen genauen Zeitplan, WAS, WANN zu tun ist und halte mich daran, aber sorge auch dafür, dass mein Zeitplan realistisch ist. Bei einer Verzögerung verdopple ich meine Schritte vorübergehend, um wieder im Plan zu liegen.
- *Mich wert fühlen und damit Erfüllung JETZT zu empfangen:* Damit aufhören Erfüllung erfolgreich zu verhindern.

⊛ *Meine „energetische Signatur" optimieren.* Ich KANN nur anziehen, was mir entspricht und verhindere alles andere zuverlässig, auch wenn ich es noch so gerne hätte. Dazu gehört auch mein Selbstbild.

⊛ *Die NOT-wendigen Schritte TUN:* Ich mache mir bewusst, welche Schritte wirklich ZIEL-führend sind und beginne gleich mit dem ersten Schritt, denn der erste Schritt ist bereits die Hälfte des Weges. Ich mache ALLE erforderlichen Schritte REGELMÄSSIG und lasse KEINE einzige Ausnahme zu.

⊛ *Dem Leben die richtigen „Anweisungen" geben:* Die stärkste Anweisung ist mein SO-SEIN. Andere Anweisungen sind meine Überzeugungen und mein Glaube, denn JEDEM geschieht nach seinem Glauben". Das was ich glaube, wird mein Leben bestimmen.

⊛ *Meine Aufmerksamkeit abziehen von... (dem, was nicht sein soll und auf das richten, was sein soll):* Ich gestatte meiner Aufmerksamkeit nie mehr länger als zwei bis drei Sekunden bei einem Problem zu bleiben (Schwierigkeit, Krankheit, Mangel, Leid etc.), ziehe ich dann bewusst ab und richte sie auf die Lösung, auf eine Möglichkeit, oder Chance – auf das was sein soll.

⊛ *Schöpferische Imagination:* Mit der schöpferischen Imagination dem erwünschten Endzustand eine klare geistige Form geben.

⊛ *Den erwünschten Endzustand geistig „in Besitz" nehmen:* Das was sein soll, mir „zu Eigen machen". Bis ein Gefühl von Freude und Dankbarkeit entsteht.

⊛ *Erst gewinnen, DANN beginnen:* Erst wenn ich geistig am Ziel bin, tue ich den ersten Schritt. Ich KANN erst dann bekommen, wenn ich es bereits „habe". Es kann erst werden, wenn es IST!

- ✪ *Misserfolge sind „Botschaften des Lebens"*: Ein Hinweis, dass es so nicht optimal ist, und gleichzeitig ist es eine Bitte, dass eine Änderung herbeigeführt werden soll.

- ✪ *Nicht wieder „abbestellen"*: Wenn ich daran denke, dann nur in folgende Richtung: „Schön, dass es sich bald manifestiert".

- ✪ *Ich gehe den gewählten Weg mit Freude:* Ich mache aus den Schritten keine „Pflichtübung", sondern spüre bei JEDEM Schritt mit großer Freude, wie ich dadurch meinem gewünschten Ziel immer näher komme. **Wirklich regelmäßig alles Erforderliche zu tun, wird mich noch mehr motivieren und ich genieße die tägliche Freude meines Fortschritts.**

DIE „MACHT DES GLAUBENS"

Das was ich glaube, bestimmt das, was ich erlebe, denn meine Erfahrung wird IMMER meiner Überzeugung folgen. Wahrer Glaube ist „Wirklichkeit schaffende" Energie, aber in dem Maße, wie wir unsere Überzeugungen „nicht bewusst" bestimmen, entzieht sich die Realität unserer Kontrolle. So kann Ihr eigener Körper oft durch schädliche Überzeugungen nicht mehr optimal funktionieren. Er wird krank oder vorzeitig alt. Sie haben soviel Gesundheit, Erfolg, Geld, Erfüllung und Glück, wie IHR Glaube zulässt. Die Macht des Glaubens ist JEDERZEIT bereit, für Sie tätig zu werden. Viele Glaubenssätze sind überholt, oder gar schädlich. Aber es gibt auch „unsichtbare Überzeugungen". Sie schaffen zwar Realität, aber weil sie für Sie so selbstverständlich sind, werden Sie nicht mehr als Glaubenssätze erkannt. Sie können sie aber sichtbar machen, indem Sie von der geschaffenen Realität ausgehen und sich fragen: „Welche Überzeugung MUSS vorhanden sein, um diese Realität hervorzubringen?" JEDE Realität ist jederzeit bereit, sich zu verändern. ALLE Gegebenheiten sind die Folge vorheriger Überzeugungen. Realität ist weder gut noch schlecht, sie IST. Aber ALLES kann JEDERZEIT umgeglaubt werden. **Sie erreichen das mit den folgenden vier Schritten:**

1.) Was erlebe ich derzeit?
2.) Welche Überzeugung MUSS vorhanden sein, um DAS hervorzubringen?
3.) Was WILL ich erleben?
4.) Welche Überzeugung MUSS vorhanden sein, um DAS hervorzubringen?

Worauf Sie Ihr Bewusstsein richten und gerichtet halten, dorthin fließt Ihre Schöpfungskraft und wird auch genau das verwirklichen.

Wenn Sie Ihr Bewusstsein auf Probleme, Schwierigkeiten, Schwächen, Mangel, Leid oder Krankheit richten, werden

Sie genau das verursachen. Das Gleiche gilt jedoch auch dafür, wenn Sie Ihr Bewusstsein auf Gesundheit, Wohlstand, Chancen, Lebensfreude und Erfüllung richten. In diesem Universum gibt es keinen Zufall, nur Ursache und Wirkung. Einem JEDEN geschieht nach SEINEM Glauben. Erleben Sie einmal die grenzenlose Freiheit des Schöpfers, der selbst bestimmt, was sich in Ihrem Leben als Realität manifestieren soll und erleben Sie auch, dass Sie alles, wirklich ALLES haben können.

Das ganze Geheimnis ist es zu wissen, dass man die Wahl hat, jeden Augenblick neu zu erschaffen.

Leid gehört nicht zum Weg eines Schöpfers. Das Leiden zeigt uns nur auf, dass wir etwas hätten anders machen können. In unserem westlichen Denken wird das Leid oft verherrlicht, oder als unverzichtbar angesehen, dabei ist Leiden an sich absolut unnütz. Es wird nur notwendig, wenn wir uns weigern, uns für das wahre Leben zu öffnen, das heißt, auf dem königlichen Weg der Erkenntnis zu lernen. Dann wird das Leid unser Lehrer, der uns dazu zwingt, unsere Aufgaben zu machen. Aber die Freude und Erfüllung sind ebenso zuverlässige, aber weit aus angenehmere Lehrer. Umstände warten darauf von uns ausgewählt und in Erscheinung gerufen zu werden. **Realität hängt von der Intensität der schöpferischen Imagination und nicht von äußeren Umständen oder Wahrscheinlichkeiten ab.**

Prüfen Sie vor allem Ihre Gewohnheiten, also Verhaltensweisen, die durch unendliche Wiederholungen, zu einem Teil Ihres Lebens geworden sind. Legen Sie sich neue, stimmige Gewohnheiten zu, indem Sie diese wiederholen, bis sie von selbst geschehen. Legen Sie sich vor allem die Gewohnheit zu, in JEDER Situation in „heiterer Gelassenheit" durchs Leben zu gehen. Geben Sie den Umständen nie mehr die Macht, Ihre Laune und Ihr Sosein zu bestimmen. Das gilt auch und gerade FÜR scheinbare Schwierigkeiten und Probleme.

Sehen Sie eine jede Unstimmigkeit, einfach als eine von unzähligen Aufgaben an, die Sie schon wie viele andere erfolgreich gelöst haben. Sehen Sie jede Aufgabe als Kompliment des Schicksals an. Sie besitzen noch viel mehr, als NUR die Fähigkeit, Probleme zu lösen. **Indem Sie so Ihr Leben bereinigen, machen Sie auch die Welt ein bisschen freier und schöner.**

DIE ZUKUNFT NACH EIGENEN WÜNSCHEN GESTALTEN

Ob Sie sich dessen bewusst sind, oder auch nicht, SIE alleine sind der Schöpfer Ihrer Lebensumstände. Der einzige Mensch, der Sie erfolgreich und glücklich machen kann, das sind SIE selbst. Denken Sie nicht weiterhin in Schwierigkeiten, sondern in Möglichkeiten! Optimieren Sie Ihre „inneren Bilder" und unbewussten Überzeugungen, denn daraus

entsteht der größte Teil Ihres so genannten „Schicksals". Im Außen spiegelt Ihnen das Leben, was Ihr Inneres ist. Schöpferische Imagination bedeutet, sich etwas so vorzustellen, dass es sich in der Realität als Ereignis, als Situation, also Zufall oder als Begegnung manifestiert. **Schöpferische Imagination ist die Transformation einer Vorstellung in die erlebte Realität und macht aus einer Möglichkeit der Zukunft, erlebte Realität in der Gegenwart.**
Der bewusste Gebrauch der SCHÖPFERISCHEN IMAGI-NATION lässt genau das „in Erscheinung" treten, was auch immer Sie damit hervorrufen wollen, denn SCHÖPFERI-SCHE IMAGINATION ist „Wirklichkeit schaffende Energie".

1.) Machen Sie sich den unerwünschten Umstand bewusst und erschaffen Sie daraus den „erwünschten Endzustand".

2.) Stellen Sie sich den erwünschten Endzustand ganz lebendig vor und versetzen Sie sich dann imaginativ in die Erfüllung. Erleben Sie sich in dieser Erfüllung, in immer neuen Situationen, bis Sie von Freude und Dankbarkeit erfüllt sind.

3.) Identifizieren Sie sich mit dem erwünschten Endzustand, indem Sie ihn als ganz natürlich und zu Ihnen gehörig erleben. Nehmen Sie ihn damit geistig „in Besitz".

4.) Fügen Sie den erwünschten Endzustand imaginativ in Ihre individuelle Zeitlinie und machen Sie ihn dort fest, indem Sie SICH – in der gewünschten Zeit – in der Erfüllung erleben.

5.) Schauen Sie von der Erfüllung, also vom Ziel aus zurück und erkennen Sie, welche Schwierigkeiten und Hindernisse auf dem Weg zum Ziel aufgetaucht sind, wie Sie sie gemeistert haben oder wie Sie sie hätten vermeiden können.

6.) Erleben Sie Ihre Dankbarkeit ganz lebendig und freuen Sie sich darüber, dass der erwünschte Endzustand erreicht ist.

7.) Lehnen Sie sich zurück, genießen Sie Ihren geistigen Erfolg und lassen Sie das Ganze einfach los.

DAS „GESETZ DER WANDLUNG"

Die Realität ist bereit dazu, JEDE beliebige Form anzunehmen und das Leben wartet nur auf IHRE Anweisungen. Sind Sie bereit dazu, in Ihrem Leben Wandlung geschehen zu lassen?

Wenn Sie also Ihre Aufmerksamkeit vom Unerwünschten abziehen und auf das Erwünschte richten und darauf gerichtet halten, haben Sie sich bereits resonanzfähig gemacht und damit das Erwünschte erschaffen.

So kann sich ein Problem zur Chance, eine Aufgabe zur Lösung, die Krankheit zu Gesundheit, der Mangel zur Fülle, Fehlschläge zu Erfolgen, die Unzufriedenheit zur Erfüllung, die Trennung zur Einheit, das Ego zur Selbstidentifikation, das „Bisher" zum Ideal und eine Möglichkeit zur Realität wandeln.

„TURBO-Wandeln" ist kein Löschen, sondern das „Problem" sofort und STÄNDIG in das Ideal umwandeln. **So werden Schwächen zu Stärken, Misserfolg zum Erfolg, Vorhaben zur Absicht und die Krise zur Chance.**

Wandlung kann auch durch einen „Dauerauftrag" erfolgen, indem Sie die Überzeugung schaffen, dass etwas JEDES MAL geschieht. So können Sie sich einen Parkplatz verursachen und jederzeit und überall sofort bekommen, indem Sie genau diese Überzeugung schaffen. Es ist dann nicht erforderlich JEDES MAL erneut eine Ursache zu setzen, sondern es geschieht durch Ihren Dauerauftrag.

DIE „KUNST DER REVISION"

Sie sollten jeden Tag eine „Tagesrückschau" machen, und den vergangenen Tag noch einmal in der Imagination erleben. Das heißt ihn so erleben, wie Sie ihn gerne erlebt hätten. Ändern Sie die Ereignisse in Ihrer Vorstellung und lassen Sie alles „gut" ausgehen. Dadurch wird der Tag energetisch neu geboren und wird eine entsprechende Wirkung auf Ihre Zukunft haben. **Vergeben Sie, wo Sie verurteilt haben, lassen Sie dann den Tag los und richten Sie Ihre ganze Aufmerksamkeit und Freude auf den revidierten Tag.**
Das Ausmaß der Verwandlung, die eine solche REVISION bringt, wird Sie immer wieder überraschen. Die Änderung der Realität findet in der Imagination statt, und wird dann im

Außen erlebt. Auf diese Weise können Sie sogar zukünftige Ereignisse umerleben, bevor sie geschehen sind. Stellen Sie sich die Ereignisse einfach in einem idealen Verlauf vor und akzeptieren Sie sie dankbar und freudig.

Wenn Sie das zukünftige Ereignis dann in der erwünschten Form lebendig werden lassen und gläubig bejahen, wird es schon im Voraus entscheidend geprägt.

Sie können sich so eine ganz andere Vergangenheit „zulegen", die Ereignisse Ihres vergangenen Lebens, besonders die Ihrer Kindheit, ganz neu prägen und wirksam werden lassen. *Sie können* so unerwünschte Gewohnheiten ändern, Erwünschtes festigen und Unerwünschtes auflösen. *Sie können* durch diese Methode, die entsprechenden energetischen Folgen jedes „Versagens" in einen Erfolg umwandeln. *Und Sie können* anschließend mit dem Armtest überprüfen, ob das Ereignis auch wirklich gelöscht ist und neu geboren wurde. **Sie haben die Vollmacht, die höchste Kraft des Universums, Ihre schöpferische Urkraft, beliebig in Tätigkeit zu setzen und all das hervor zu bringen, was immer Sie sich wünschen und können damit sogar Ihre Vergangenheit beliebig korrigieren.** Sobald Sie es tun und auch daran glauben, beginnt es im selben Augenblick, in Erscheinung zu treten. *Und übrigens: Man sollte keine Dummheit zweimal begehen, obwohl die Auswahl für eine neue Dummheit groß genug ist.*

URCH DANKEN DIE „ENERGETISCHE SIGNATUR" OPTIMIEREN

⚙ **Ich danke** für die starke Energie von Gesundheit, die meinen ganzen Körper erfüllt.

⚙ **Ich danke** für die Vollkommenheit des SEINS, die mich heilt – die STÄNDIG jede Zelle meines Körpers und jeden Aspekt meines Lebens, ja mein ganzes SEIN erfüllt. Mein Körper ist ein vollkommener Ausdruck der Vollkommenheit des SEINS und immer vollkommen gesund, ewig jung und immer wohlgeformt und vital.

⚙ **Ich danke** für die starke Energie, die ich spüren darf – die meinen Körper durchströmt.

⚙ **Ich danke** für die gute Laune, die mich erfüllt.

⚙ **Ich danke** für die heitere Gelassenheit, mit der ich durch das Leben gehe.

⚙ **Ich danke** für die Leichtigkeit, die ich empfinden darf, wenn ich ICH SELBST bin.

⚙ **Ich danke,** dass ich erkennen durfte, dass es allein meine Wahl ist, mit welcher Laune ich durch den Tag gehe und ich erfülle mich bewusst mit einer „Guten-Laune-Energie", um einen wundervollen Tag zu durchwandern.

⚙ **Ich danke** für die starke Energie der Sympathie, die mein ganzes SEIN erfüllt und ich danke JEDEM der mir begegnet – eingehüllt und erfüllt mit dieser starken Energie des Wohlwollens und der Sympathie.

⚙ **Ich danke** für die wunderbare Wandlung meines Wesens, meiner „energetischen Signatur" und meiner Sichtweise. Ich spüre ganz deutlich, wie ich dadurch andere, mir entsprechende Ereignisse, in mein Leben ziehe und veraltete Begrenzungen loslassen kann. Dadurch spüre ich bewusst, wie sich mein ganzes Leben verändert, ja wie ich dadurch in ein ganz neues Leben eintreten kann.

⚙ **Ich danke,** dass ich bei mir SELBST angekommen bin. Von nun an lebe ich ständig in der „Geistesgegenwart". Das Leben kann so einfach sein und ich weiß, dass es MEINE WAHL ist, mit welcher Energie ich durch das Leben gehe.

Worauf es ankommt ist es, FREUDE und DANKBARKEIT zu „FÜHLEN", weil ich weiß, dass die Veränderung und der Wandel bereits „geschehen" sind. Ich ERLEBE es als verwirklicht und bin nicht nur als Mensch DANKBAR, sondern bin die DANKBARKEIT selbst. Es ist ein Unterschied, ob ich „dankbar" bin, oder die Dankbarkeit bin.

Wie Jesus das bei der Erweckung des Lazarus getan hat: „Vater ich danke Dir, dass Du mich erhört HAST, wie Du mich allezeit erhörst.".

In dem Bewusstsein zu LEBEN, dass es auf der geistigen Ebene bereits verwirklicht IST, und schon bald als erlebte Realität „in Erscheinung" treten MUSS, ist eine GEWISS-HEIT die mich trägt. Und genau diese „innere Wirklichkeit" wird meine äußere Realität erschaffen. Sie kann immer nur ein Spiegelbild meiner „inneren Wirklichkeit" sein. Das Gesetz: „Wie im Innen, so im Außen", waltet über mein Leben. **Es wird sich mir anpassen und es wird meinen inneren Formen Ihre Gestalt geben.** Meine Fülle, oder meine Leere – das was ich bin, WIRD SICH ZEIGEN.

AS „GEHEIMNIS DER WOHLSTANDSTEILUNG"

<u>*Wie Sie Ihren Wohlstand durch Teilen vervielfachen:*</u>
Eine kleine Geste des Wohlwollens, der Freundlichkeit und Liebe für einen Unbekannten, kann Ihr ganzes Leben verändern, ja nahezu verzaubern.

Wenn Sie zum Beispiel in einem Blumengeschäft eine Rose kaufen und die Verkäuferin bitten, diese der nächsten Dame mit einem lieben Gruß von einem Unbekannten zu überreichen, entsteht ein „positives, energetisches Ungleichge-

wicht". Nach dem „Gesetz des Ausgleichs" MUSS dieses Ungleichgewicht vom Leben umgehend ausgeglichen werden, indem auch Ihnen etwas Gutes widerfährt. Das kann eine freundliche Geste, eine Chance, die das Leben Ihnen bietet oder ein günstiger „Zufall" sein. Wichtig dabei ist es, dass Sie unerkannt bleiben und dass der andere keine Möglichkeit hat, sich bei Ihnen bedanken zu können. Wenn Sie ein persönliches Dankeschön empfangen, würde sich der Kreis energetisch schließen. Wenn Sie aber anonym bleiben, dann MUSS das Leben einen anderen Weg des Ausgleichs schaffen. Das wird umgehend geschehen, lassen Sie sich überraschen. Wenn Sie Ihr Bewusstsein darauf richten, werden Sie den Ausgleich erkennen und er wird immer größer sein, als die Ursache, die von Ihnen gesetzt worden ist.

Wenn Sie es allerdings MIT DER ABSICHT tun, vom Leben etwas „bekommen" zu wollen, dann senden Sie damit die Energie des Mangels aus und der Ausgleich erfolgt, indem sich DIESER Mangel verwirklicht. Entscheidend ist immer Ihre Motivation.

Ganz schön ist es, wenn Sie eine kleine Karte mit Ihren Wünschen beilegen und vielleicht auch mit Ihrem Segen und mit der Bitte, diese Freundlichkeit wieder an einen Unbekannten weiterzugeben. So entsteht aus einer einzigen kleinen Geste, eine Welle des Wohlwollens, die um die ganze Erde ziehen kann. Zu dieser kleinen Geste des Wohlwollens und der Liebe gibt es ständig Gelegenheit: Im Restaurant zahlen Sie ein Getränk „für den Nächsten" und hinterlassen ihm das Kärtchen mit der Anregung der Weitergabe. Im Kino bezahlen Sie den Eintritt für den Nächsten, immer mit der

*Bitte, ihm das kleine Kärtchen mit der Anregung der Weiter-
gabe zu übergeben. Im Museum können Sie den Eintritt oder
beim Sessellift eine freie Fahrt für den Nächsten bezahlen.
Bei der Straßenmaut können Sie so eine zusätzliche Karte
lösen. Am Kiosk eine bestimmte Zeitung für den, der die ver-
langt. Bei der Post das Briefporto, im Zoo den Eintritt für
den Nächsten oder wo auch immer sich Gelegenheit bietet,
versuchen Sie damit anderen Menschen das Leben ein bisschen einfacher und schöner zu bereiten. Und IMMER sollten
Sie unerkannt bleiben, sodass das Leben den Ausgleich für
Sie erschaffen wird. Diese kleine und liebevolle Geste hat
die Macht, die Welt zu verändern, damit wir eines Tages die
Welt ein bisschen besser verlassen, als wir sie vorgefunden
haben.*

Segnen Sie jeden Tag Ihre Vorhaben, Ihre Nächsten, sich
selbst – ALLES, was ist. Seien Sie der Welt ein Segen und
sie wird ihren erfüllenden Segen auch über Sie ausschütten.

DIE WICHTIGSTEN FÄHIG-KEITEN IHRES GEISTES

**<u>Machen wir uns noch einmal die wichtigsten Fähigkeiten
unseres Geistes bewusst:</u>**

*Indem Sie Ihr geistiges Erbe antreten und Ihre natürli-
chen Fähigkeiten nutzen, können Sie…*

...ALLES bewusst loslassen, was Sie nicht wirklich glücklich macht und was somit nicht mehr zu Ihrem Leben gehört.

... ganz bewusst sympathisch sein und bleiben, um als ein Gewinner zu leben.

...Ihr Leben und Ihr Schicksal frei bestimmen.

...erreichen was auch immer Sie wollen, denn aus jedem scheinbaren Misserfolg wird doch noch ein Erfolg. So wird Ihr Erfolg „unvermeidbar"!

...mit dem Instrument der Imagination, aus einer Möglichkeit der Zukunft, die erlebte Realität der Gegenwart machen.

...so verschiedene und alternative Zukunftsperspektiven zuerst „anprobieren", BEVOR Sie sich damit eine wirklich erfüllende Zukunft erschaffen.

...aus dem Chancenbewusstsein heraus, Ihre Aufmerksamkeit „lösungsorientiert" von Problemen und Schwierigkeiten abziehen und auf Möglichkeiten und Chancen gerichtet halten. So muss Ihnen ALLES zur Chance werden. ALLE Probleme sind immer nur verkleidete Chancen!

...die „Sprache des Lebens" und die „Botschaft Ihres Körpers" verstehen und befolgen. So leben Sie „stimmig" – im Ein-Klang mit der Schöpfung und sich Selbst. Unter dem Motto: „Die Sprache der Lebensumstände verstehen", lebt es sich fröhlich und leicht.

...Ihre Gesundheit wieder herstellen, Ihr Leben um viele lebenswerte Jahre verlängern, bis ins hohe Alter gesund und vital bleiben. Das geschieht vor allem durch den Identitätswechsel!

... mit der Kraft Ihres Geistes Rückführungen machen und sich Ihren Lebensfilm noch einmal ansehen, um daraus zu lernen. So können Sie es ab SOFORT besser zu machen.

...sich durch eine Vorausführung sogar die Zukunft – soweit sie bisher verursacht ist – anschauen und unerwünschte Ereignisse in der Gegenwart löschen, oder erst gar nicht mehr verursachen.

...Ihr „Denk-Instrument" wirklich in Besitz nehmen. So können Sie mit dem PUBO-Training Ihre „latenten Talente" wecken und mit Ihrem „erwachenden Genie" das Leben spielend meistern.

...mit dem „Geheimnis der Revision", das was bereits geschehen und das was gerade ist, in das was sein soll, **umwandeln.** So können Sie sich eine ganz neue Vergangenheit und Zukunft zurecht legen, die Sie in der Gegenwart erfüllend erleben. So können Sie sich zu jeder Zeit neu „er-finden".

...das „Geheimnis des Träumens" nutzen, um erwünschte Umstände herbei zu träumen, indem Sie sie durch Identifikation geistig „in Besitz nehmen" und sich damit zu Eigen machen, sodass das Leben Ihnen die Erfüllung nicht mehr verweigern kann.

...Ihre natürliche Fähigkeit der Intuition jederzeit aktivieren, dadurch keine Entscheidungen mehr fällen, sondern Sie ganz sicher aus der Intuition heraus „treffen". So können Sie in der ständigen Wahrnehmung, dessen was IST leben und Ihr Dasein in vollen Zügen, ganz natürlich genießen!

∞AS LEBEN IST „WUNDER-VOLL"

Konzentrierten Sie sich JEDEN Abend auf die Macht Ihres Geistes. FÜHLEN Sie, wie diese Kraft von Tag zu Tag stärker wird. Lassen Sie diese Kraft weit über sich hinaus wachsen, und werden Sie eins, mit der EINEN KRAFT des Universums.

Jesus hat gesagt: „Ihr werdet Gleiches tun, wie ich, und Größeres!" Das ist unser Seinsauftrag, zu unserer wahren Größe zu erwachen. **Erleben Sie die „Macht der Dankbarkeit", indem Sie für den Empfang des Erwünschten danken und ihn damit aus dem „Möglichkeitsraum" in Ihrer persönlichen Realität manifestieren.** Der Universalschlüssel zur Erfüllung heißt „Innere Gewissheit". Mit diesem Schlüssel ist jedes Wunder möglich. Schaffen Sie sich zum Beispiel das Wunder eines ganz besonderen Tages. SIE bestimmen, WANN dieser Tag sein wird – Warum nicht MORGEN?!? – Heute! Sie brauchen nicht zu bestimmen, WAS er bringen soll. Lassen Sie sich einfach überraschen, aber erwarten Sie mit „Innerer Gewissheit" das Besondere. Mit der Zeit schaffen Sie es, aus JEDEM Tag einen solchen, ganz besonderen Tag zu machen. Machen Sie sich abends vor, dem Einschlafen bewusst, WAS das Besondere an DIESEM Tag war. Dieses Wunder wird Ihnen JEDEN Tag gelingen.

Machen Sie sich bewusst: „Mangel ist ein Bewusstseinszustand!" Er KANN im Außen nur „in Erscheinung treten", wenn Sie ihn in Ihrem Bewusstsein zulassen. Lassen Sie ein immer Höheres Bewusstsein in sich und durch sich wirken. Kommen Sie zunächst „zu Bewusstsein" und lassen Sie Ihr individuelles Bewusstsein grenzenlos werden. Verbinden Sie sich dann mit dem kollektiven Bewusstsein und letztlich mit dem universellen Bewusstsein, dem EINEN SEIN, aus dem ALLES ist.

Nutzen Sie vor allem ganz bewusst die „Schätze", die das Leben Ihnen kostenlos zur Verfügung stellt. Die Natur, zu lachen, zu lieben, bewusst das Wunder des Atems zu erleben, zu leben. Aber auch sehen, hören und danken zu lernen! Entscheiden Sie sich ganz bewusst für ein Ziel. Geben Sie sich das feierliche Versprechen, dass Sie nicht aufgeben werden, bevor Sie dieses Ziel erreicht haben. Geben Sie NIEMALS auf und Sie werden durch die Macht Ihrer Beharrlichkeit, JEDES gewünschte Ziel erreichen. Nutzen Sie dabei auch die „Macht der Motivation". Geben Sie sich einen überzeugenden Grund, dieses Ziel unbedingt erreichen zu wollen. Das größte Ziel aber ist, der zu SEIN, der Sie sind! Echt, ehrlich, authentisch! **Zu SEIN, ist das wohl größte Wunder das es gibt, denn das ist LIEBE!!!**

Meine wichtigsten Erkenntnisse

Das will ich sofort umsetzen:

_____

_____

_____

_____

_____

_____

_____

_____

_____

_____

_____

_____

Meine wichtigsten Erkenntnisse

Das will ich sofort umsetzen:

_____

_____

_____

_____

_____

_____

_____

_____

_____

_____

_____

Meine wichtigsten Erkenntnisse

Das will ich sofort umsetzen:

_____

_____

_____

_____

_____

_____

_____

_____

_____

_____

_____

_____

Kurt Tepperwein & Florentin Samòn

**Die Renaissance
der Frauenpower**
7 Schritte zur Liebesfähigkeit

ISBN: 978-3-7357-8600-5

Frau sein - Ganz sein
*Mentaltraining für eine
neue Weiblichkeit*

ISBN: 978-3-7322-9704-7

Kurt Tepperwein & Felix Aeschbacher

Leben im Überfluss
*Das praxisorientierte Wohlfühlbuch -
Die Zukunft selbst bestimmen*

ISBN: 978-3-7357-3761-8

Du bist wie Du bist!
Mut zum Anderssein

ISBN: 978-3-7322-9441-1

LEBEN IM JETZT -
STARTKLAR FÜR DAS MORGEN

ISBN: 978-3-7322-0566-0

OUT-BURN - Burn-out umkehren
Der Ausweg aus der Erschöpfungsfalle

ISBN: 978-3-7322-9156-4

Kurt Tepperwein &
Felix Aeschbacher

Ab heute bin ich frei!
Befreiung aus dem Ego-Labyrinth
Das Zeitthema Nr.1: „Innere Kündigung"

ISBN: 978-3-7357-9253-2

NIE ODER JETZT!
Aufbruch zur wahren Identität
Der ultimative Lebensnavigator

ISBN: 978-3-7357-7925-0